Des Buach konnt ira limitiirta Uuflaag vo 300 Schtuck ussa, 12 vo deena send vo Hand nommeriirt worda.

Dr klei Prinz

I glaub, är hed zom Abhaua an Schwarm Zugvöögl bruucht.

ANTOINE DE SAINT-EXUPÉRY

Dr klei Prinz

Mit Bilder vom Verfasser

I d Mundart vom Kleinwalsertal uubrsetzt
vo
Eliane Fritz

Edition Tintenfaß

Dia uufglischteta Freunde vom „Kleina Prinz" händ den Druck vo dem Buach mit iirer Vorbschtellig frönddle ondrschtützt:

Bernard & Danièle Chaffange, Lyon (F), Daniel Childers, New York, NY (USA), Pauline Couture, Ottawa (CDN), Sylvain Cozzolino, Quimperlé (F), Antonio Massimo Fragomeni, Roma (I), Anne & Hervé Pierret, Ajaccio (F), Fondation Jean-Marc Probst pour le Petit Prince, Lausanne (CH), Thomas Stolz, Bremen (D), Patrick Tourreau, West Linn, OR (USA), Juan Antonio Soler Vilanova, Tamarite de Litera (E).

© 2023 𝔈dition 𝔗intenfaß
D-69239 Neckarsteinach
Tel. / Fax: +49 – 62 29 – 23 22
www.editiontintenfass.de
info@editiontintenfass.de

Gsetzt vo: τ-lexis · O. Lange, Heidelberg
Druckt bi: Appel & Klinger, Schneckenlohe

ISBN 978-3-98651-034-3

FÜR LÉON WERTH

D Googa sötta mr s ned kromm nää, dass i des Buach aram Gwachsna gwidmet ha. I ha drfür a ääreschte Entschuldigung: Dä Gwachsne isch miin allrbeschta Freund uf dr Wält. I ha no a Entschuldigung: Dä Gwachsne kaa alls vrschtoo, sogar Büachr für Googa. I ha no a dritte Entschuldigung: Dä Gwachsne woont z Frankreich, won r Hongr hed ond früürt. Dä kaa an Trooscht bruucha. Wänn dia Entschuldigunga alle ned langet, wärd i des Buach gäära dem Goog widma, wo dä Gwachsne dua amaal gsee isch. Alle Gwachsna send nämmle zerschd amaal Googa gsee. (Abr dia wenigschta wisset des no.) Also korrigiir i miine Widmig ond schriib:

*Für Léon Werth,
won r no an kleina Buab gsee isch.*

I

Won i säggs Jaar alt gsee bi, han i amaal iram Buach mit dem Naama „Wahre Geschichten aus dem Urwald" as ganz prächtigs Bild gsee. Da isch a Boaschlanga druuf gsee, wo grad as wilds Tiir vrschlonga hed. Obrdhalb han i des Bild abgmaalet. I dem Buach hed s ghaißa: „Boaschlangen schlucken ihre Beute an einem Stück hinunter, ohne sie zu kauen. Dann können sie sich nicht mehr rühren und schlafen sechs Monate lang, bis sie sie verdaut haben."

I ha dötta viil druubrd naadaicht, was im Urwald so alls passiirt ond ha dänn sälb mit aram Farbschtift miis ärschte Bild gmaalet. Miis Bild Nommr 1. So hed s uusgluaget:

I ha miis Meischterwärch da Gwachsna zeiget ond sche gfraaget, ob eena miis Bild Angscht macha düa.

Dia händ gsaid: „Warom sött önsch dänn an Huat Angscht macha?"

Uf miim Bild isch abr gar kan Huat gsee. Des isch a Boaschlanga gsee, wo an Elefanta vrdaut hed. I ha dänn s Endere vo däära Boaschlanga gmaalet, zom s da großa Lüüt klar macha. Ma muaß deena ja allig a Erklärig gää. Miis Bild Nommr 2 hed so uusgluaget:

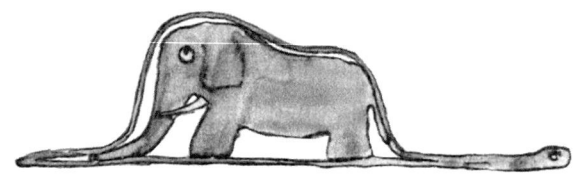

Dia Gwachsna händ gsaid, i sött ka Bildr mee vo Boaschlanga maala – wurscht, ob vo uußerthalb oder enderthalb – ond mi mee für Geografii, Geschichte, Rächna ond Grammatik intressiira. So han i also mit säggs Jaar a prächtige Karrieer als Maaler an Naagl ghaicht.

Ma hed mir eifach da Schneid abkauft, wil miis Bild Nommr 1 ond miis Bild Nommr 2 so vrgaaglet send. Dia Gwachsna vrschtönd nia nämmes vom asälb, ond für d Googa isch s bodda länkwiilig, eena allig alls zom erklära.

I ha mr also an andra Bruaf suacha müaßa ond bi Pilot gworda. I bi as bizle uuberall i dr Wält ommanandgflooga. Ond d Geografii, dia han i da guat bruucha könna. I ha uf an ärschta Blick China vo Arizona ondrschiida könna. Des isch ganz praktisch, wämma sche z Nacht vrflooga hed.

So bi i i miim Lääba mit aram Huufa wichtiga Lüüt zäämakoo. I ha lang bi Gwachsna gläbbt. I ha sche ganz nääch erlääbbt. Miin Eedruck vo eena isch dür des ned grad bessr gworda.

Wänn i nämmrt troffa ha, wo mr as bizle gschiidr vorkoo isch, han i s be eem mit miim Bild Nommr 1 uusprobiirt, des i guat uufghebbt ha. I ha luaga wella, ob är würkle blitzgschiid gsee isch. Abr allig hed s dänn ghaißa: „Des isch an Huat." Dua han i mit dem dänn ned uubr Boaschlanga, dr Urwald odr Schtärna gschwätzt. I ha dänn so too wian är. I ha mit eem uubr Bridsch, Golf, Politik ond Krawatta gschwätzt. Ond dä Gwachsne isch dänn ganz froo gsee, dass är so an vrnömpftiga Mänsch kännagleert hed.

II

So han i also ganz für mi allei gläbbt, oone dass i mit nämmrt würkle hätt schwätza könna, bis i vor säggs Jaar mit miim Flaigr an Motorschaada i dr Saharawüüschte kaa ha. Ond wil i wedr an Mechaniker no Passaschiir be mir kaa ha, han i mi ganz allei a dia schwiirige Flickerei gmachet. Für mi isch s om Lääba ond Tod ganga. I ha härb Wasser zom Triicha für acht Taag drbii kaa.

Am ärschta Aabed han i mi also ufn Sand gleggt zom Schlaafa – taused Meila wiit furt vo jedm bewoonta Gebiat. I bi no viil mee allei gsee as an Schiffbrüchiga uf aram Flooß mitta em Ozean. So könnet r aib vorschtella, wia uubrrascht i gsee bi, wo mi am näggschta Morged as eiges Schtemmle ganz leise gwekkt hed. Schi hed gsaid:
„Bitte ... maal mr mal as Schaf!"
„Was?"
„Maal mr mal as Schaf!"

I bi uf d Füäß gjukkt as wär da Blitz i mi eegfaara. I ha mr köörig d Auga griiba. I ha genau heegluaget. Ond i ha as kleis, ganz as oogwöönlechs Männdle gsee, wo mi ääreschtle aagluaget hed. Schpeetr han i dänn des Bild vo eem gmaalet, so guat wian i s halt z Wääg bronga ha.

Abr miis Bild isch gwiis ned so wondrbar wia s Original. I kaa da nüüd drfüür. Dia Gwachsna hämmr, won i säggs Jaar alt gsee bi, dr Muat gnoo zom Maaler wärda, ond i ha nia gleert nämmes andrs zom maala as Boaschlanga vo uußerthalb ond Boaschlanga vo enderthalb.

I ha villiicht Auga gmachet, wo i des Männdle gsee ha! Vrgässet ned, dass i taused Meila furt vo jedm bewoonta Gebiat gsee bi. Miis kleine Männdle hed ned so uusgluaget als hätt sche s vrlaufa odr als ob s glei vor Müade, Hongr, Durscht odr Angscht schtärba det. As isch mr uubrhaupt ned vorkoo wia as Kend, wo taused Meila vo jedm bewoonta Gebiat i dr Wüüschte ommanand iira deet. Won i änddle as Wort ussabronga haa, ha i zu eem gsaid:

„Abr, was machsch du dänn da?"

Da hed s noamaal ganz leise des Gliiche gsaid, as ob s huuramänteg wichtig wär:

„Bitte ... maal mr as Schaf ..."

Wänn ein nämmes Gheimnisvolls z schtarch wondret, truut ma sche ned zom widrschpräcka. So vrruckt, wia mir des Ganze vorkoo isch – taused Meila vo jedm bewoonta Ort furt ond i Todesgfaar –, han i as Blatt Papiir ond a Füllfäädara us miim Sack ussagnoo. Abr dänn isch mr eegfalla, dass i ja eigetle bloß Geografii, Geschichte, Rächna ond Grammatik gleert ha, ond ha zu dem Männdle gsaid (as biz schwiinig), dass i gar ned maala kaa. Da hed s gsaid:

Schpeetr han i dänn des Bild vo eem gmaalet,
so guat wian i s halt z Wääg bronga ha.

„Des isch glii. Maal mr as Schaf."

Wil i no nia as Schaf gmaalet ha, han i für des Männdle eis vo miina zwei einziga Bildr gmaalet won i maala ha könna.

Des mit dr Boaschlanga vo uußerthalb. Ond i bi ganz baff gsee won i s ghöört ha sääga:

„Nei! Nei! I will kan Elefant ira Boaschlanga. A Boaschlanga isch richtig gföörle ond an Elefant bruucht z viil Platz. Be mir dahei isch s ängg. I bruuch as Schaf. Maal mr as Schaf."

Dänn han i halt aagfanga zom maala.

As hed mr ganz gschpannt zuagluaget ond dänn hed s gsaid:

„Nei! Des isch scho z krank. Maal mr as andrs."

I ha gmaalet.

Miin Freund hed frönddle glächlet ond guatmüatig gsaid:

„Du siasch doch ... des isch doch kas Schaf, des isch an Bock. Dä hed Hoora ..."

Dänn han i miis Bild halt noamaal gmaalet. Abr des hed m au ned passt, genauso wenig wia dia andra:

„Des da isch scho z alt. I will as Schaf, wo no lang läbbt."

Dänn isch mr dr Geduldsfaada grissa, ond wil i jetz ändle dr Motor vo miim Flaigr usanand buua wella ha, han i des Bild heegsuudlet. Ond drzua han i zischt:

„Des isch dia Kischta. Da denna isch des Schaf, wo du witt."

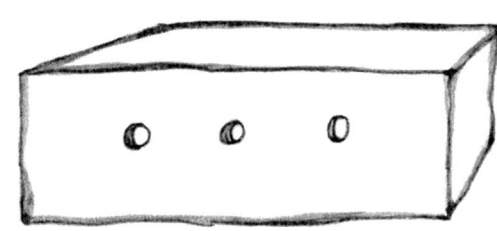

Abr i bi ganz uubrrascht gsee, won i gsee ha, wia s Gsichtle vo miim jonga Kunschtsachvrschtändiga aagfanga hed zom lüüchta:

„Genau so han i mrs vorgschtellt. Meinsch du, dass des Schaf viil Gras bruucht?"

„Wiso dänn?"

„Wil s be mir dahei so ängg isch ..."

„As würd gwiis langa. I ha dr as ganz kleis Schaf gschaicht."

Är hed ganz genau heegluaget:

„So klei au wiidr ned ... Luag amaal! As isch eegschlaafa ..."

Ond so han i dr klei Prinz kännagleert.

III

I ha lang bruucht bis i ussagfonda ha, won är haarkonnt. Dr klei Prinz hed mr viile Fraaga gschtellt ond hed allig so too, as deet r miine nia hööra. As send eher so nääbabii heegworfne Wörtr gsee, wo mr vornazua alls klar wärda loo händ. Är hed mi, won r miis Flugzeug zom ärschta Mal gsee hed (miis Flugzeug maal i abr ned, des wär viil z kompliziirt für mi), gfraaget:

„Was isch dänn des für as Deng?"

„Des isch keis Deng. Des flügt. Des isch an Flaiger. Des isch miin Flaiger."

Ond i bi ganz schtolz gsee, dass i em biibrenga könna haa, dass i flaiga kaa. Da hed r grüaft:

„Was?! Du bisch vom Hemml gfalla?"

„Ja", han i ganz eifach gsaid.

„Hoi! Des isch ja luschtig …"!

Ond dr klei Prinz hed aagfanga ganz luschtig zom lacha, was mi butznärsch gmachet hed. I will, dass ma miis Pääch äärescht nemmt. Dänn hed r no gsaid:

„Aha! Dänn konnsch du also au vom Hemml. Vo weelam Schtärna bisch du dänn?"

Da hed sche dr Schleier uubr schim gheimnisvolla Uufträtta as bizle glüftet, ond i ha een ganz blutte gfraaget:

„Konnsch du also dänn voram andra Planeeta?"

Abr är hed mr ka Antwort gää. Är hed langsam dr Kopf gschüttlet, miin Flaiger aagluaget ond gsaid:

„Also, uf dem kaasch du ja ned vo würkle wiit harkoo see …"

Ond dänn hed r lang vor sche heedrommt. Dänn hed r miis Schaf us dr Däscha gnoo ond isch ganz vrsonka i schiina Gedanka uubr schiin Schatz.

Iir könnet aib vorschtella, wia wondrig i worda bi, won r mir des mit „da andra Planeeta" vrrata hed. I ha mi also aagschträngt, no mee druubrd zom erfaara:

„Wo konnsch du dänn har, kleis Männdle? Wo bisch du dänn dahei? Wohee widd du dänn miis Schaf mitnää?"

Är hed naadaicht ond hed mr nach aram Wiile zur Antwort gää:

„Des Guate a määra Kischta, wo du mir gää hesch, isch, dass as z Nacht da iiche kaa."

„Ja, sowiso. Ond wänn du liab bisch, gib i dir au no an Schtrick, mit dem du s uubrn Taag aabenda kaasch. Ond an Pflock."

Dr klei Prinz ufm Aschteroid B 612

Dä Vorschlag hed da klei Prinz anscheinend vrschreckt:
„Aabenda? So a komische Idee!"
„Abr wänn du s ned aabendschd, dänn lauft s i dr Geeged ommanand ond vrlauft sche ..."
Ond miin Freund hed wiidr aagfanga zom lacha:
„Abr wohee söll s dänn laufa?"
„Uubrall hee. Allig vor sche hee ..."
Da hed dr klei Prinz ganz äärescht gsaid:
„Des machet nüüd. Be mir dahei isch s so ängg!"
Ond dänn hed r no, as bizle schwermüateg, drzua gsaid:
„Allig vor sche hee konnd ma ned bsondrs wiit ..."

IV

So han i also no nämmes ganz Wichtigs erfaara: Ond zwar, dass dr Planet, vo dem är harkonnt, ned viil größr isch als as Huus.

Des hed mi ned böösch gwondret. I ha ja gwissa, dass uußr deena großa Planeeta wia dr Ärd, m Jupiter, m Mars, dr Venus, dia an Naama kriat händ, no honderte andre giit, dia mänksmal so klei send, dass ma sche mim Fernroor blooß schlächt odr gar ned see kaa. Wänn an Aschtronom ein drvoo entdeckt, giit r eem a Nommera as Naama. Är heißtn zom Biischpiil „Asteroid 3251".

 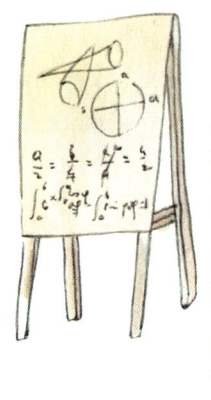 I ha an guata Grond zom aanää, dass dr Planet, vo dem dr klei Prinz koo isch, dr Aschteroid B 612 isch. Dä Aschteroid isch bis hüüt bloß eis Mal mim Teleskop gsee worda, ond zwar vomma türkischa Aschtronom.

Dä hed zu schiiner Ziit schiine großartige Entdeckig biram internaziolana Aschtronomenkongress vorgschtellt. Abr wägga schiim Uufzug hed em niamrt glaubt. So send dia Gwachsana halt.

Glücklicherwiisch hed an türkischa Diktator den Ruaf vom Aschteroid B 612 grettet ond schiim Volk bi Todesschtrafe befoola, dasch sche Hääß uf europäische Maniir aaleggt. Nüünzehondrtzwänzg hed dä Aschtronom schiine Demonschtration no amaal gmachet, ond zwar iram eleganta Aazug. Ond dem Mal sendsch alle eis gsee mimma.

Wänn i aib dia Einzelheita uubr den Aschteroid B 612 vrzellt ond aib im Vrtraua schiine Nommera vrraata ha, dänn wägga da Gwachsna. Gwachsne händ Zaala gäära. Wänn iir deena voram nüüa Freund vrzellet, fraagetsch aib nia na dr Hauptsach. Schi fraaget nia: „Wia klengt schiine Schtemm? Was spiilt r am liabschta? Sammlet är Sonnahölderle?"

Schi fraaget: Wia alt isch r? Wia viile Brüadr hed r? Wia schwer isch r? Wia viil vrdiant schiin Vattr?" Ärsch dänn, meinet sche, dasch een

 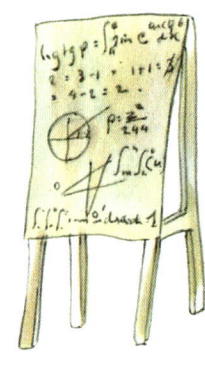

kännet. Wänn iir da Gwachsna sääget: „I ha as schöös Huus us rosarota Backschtei gsee, mit Gerania a da Fänschtr ond Tuuba ufm Dach ..." dänn könnet sche sche des Huus ned vorschtella. Ma muaß eena sääga: „I ha as Huus gsee, des hed hondrttaused Euro koscht." Dänn rüafetsch: „Was isch des schöö!"

Gliich isch s, wänn ir zuana sääget: „Dr Beweis, dass as da an kleina Prinz gää hed, isch, dass r schöö uusgluaget hed, dass är glachet hed ond dass är as Schaf haa wella hed. Wänn nämmrt as Schaf will, isch des an Beweis drfür, dass r exischtiirt", dänn zukketsch mit da Schultra ond gönd mit aib om as ob r Googa sein. Abr wänn r zuana sääget: „Dr Planet, vo dem r koo isch, isch dr Aschteroid B 612", dänn sendsch zfriida ond lönd aib mit iira Fraagerei in Rua. So sendsch halt. Ma därf eena wägga dem ned böösch see. Googa müaßet barmherzig see mit groößa Lüüt.

Abr mir, wo nämmes vom Lääba vrschtönd, mir lachet halt uubr Zaala. I hett dia Gschicht gäära wia as Märchen aagfanga. Am liabschta hett i gsaid:

„As hed amaal an kleina Prinz gää, dä hed uf aram Planeeta gwoonet, dä kaum größer gsee isch as är sälb. Dä hed an Freund bruucht ..." Für dia, wo nämmes vom Lääba vrschtönd, hätt des viil waarer klonga.

I will nämmle ned, dass ma miis Buach, wämma s liist, uf dia liichte Schultr nemmt. As fallt mr so schwer, des was i dött vrläbbt ha, zom vrzella. Säggs Jaar isch s jetzt scho har, dass miin Freund mit schim Schaf wäkkganga isch. Wenn i jetzt da probiir, des zom beschriiba, dänn tua i des, dass i s ned vrgiss. As isch truurig, an Freund zom vrlüüra. Ned jedr hed an Freund kaa. Ond i könnt ja so wärda wia dia großa Lüüt, dia sche bloß no für Zaala intressiira. Ond genau wägga dem han i mr an Maalkaschta ond Bleischtift kauft. As isch ned liicht, sche i miim Altr wiidr a ds Maala zom macha, wämma nia nämmes anders zom maala probiirt hed as a Boaschlanga vo uußerthalb ond a Boaschlanga vo enderthalb, wo ma säggs Jaar alt gsee isch. Klar schträng i mi aa, zom Bildr maala, wo dem kleina Prinz so guat wia s gaid gliichet. I bi abr uubrhaupt ned sicher, dass i des kaa. Des eine Bild passt, des andre siat eem gar ned gliich. I mach au mänksmal Feelr mit schiinera Größe. Eimal isch r z groß, dänn wiidr z klei. I bi mr au ned sichr, weele Farb schiin Aazug kaa hed. I probiir halt amaal des, mal des, mee schlächt as rächt. Ond dänn mach i gwiß au Feelr bi mancha wichtigera Sacha. Des müaßet r mir naasee. Miin Freund hed mr nia nämmes erklärt. Dä hed villiicht gmeint, i sei gliich wian är. Abr leider ka i dür dia Kischta dür keis Schaf see. Villiicht bi i ja doch gliich wia dia großa Lüüt. I muaß doch älter worda see.

V

Jeeda Taag han i nämmes uubr den Planeeta erfaara, uubr d Abreis vom kleina Prinz ond dr Vrlauf vo schiinera Reis. Des hed sche ganz langsam ond eher nääbazua ergää. So han i am dritta Taag nämmes uubr dia Kataschtroofe mit da Affabrotbömm erfaara.

Au demmal vrdank i des dem Schaf, wil dr klei Prinz hed mi uf eimaal gfraaget, as ob är ärnschthaft Zwiifl hätt:

„As schtemmt doch, dass Schaf kleine Boscha frässet, odr?"

„Ja, des schtemmt."

„Ah. Da bi i abr froo!"

I ha ned vrschtanda, warom des so wichtig see sött, dass Schaf kleine Boscha frässet. Abr dänn hed dr klei Prinz no gfraaget:

„Dänn frässet sche doch gwiis au Affabrotbömm?"

I ha dem kleina Prinz biibronga, dass Affabrotbömm keine Boscha send, sondern Bömm so groß wia Kircha, ond dass, au wänn r a Härd Elefanta mitbrenga deet, ned amaal dia an Affabrotbomm vrschlenga könntet.

Bim Gedanka an a Härd Elefanta hed dr klei Prinz lacha müaßa.

„Da müaßt ma halt ein ufn andra schtella …"

Abr dänn hedr ganz gschiid gsaid:

„Vor Affabrotbömm groß wärdet, sendsch amaal klei."

„Richtig! Abr warom witt du dänn, dass diine Schaf Affabrotbömm frässet?"

„Na, des isch doch klar!" hed är mr gantwortet, as ob s des Normalschte vo dr Wält sei. Ond i ha lang druubert naadaicha müaßa, bis i des Problem sälb vrschtanda ha.

Uf dem Planeeta vom kleina Prinz hed s nämmle, wia uf alla Planeeta, guate ond schlächte Gwächs gää. Ond so au guate Saama vo guata Gwächs ond schlächte Saama vo schlächta Gwächs. Abr dia Saama siat ma ned. Dia schlaafet ganz vrschteckt i dr Ärd, bis as eim eefallt zom uufwacha. Dänn reckt r sche ond schtreckt zärscht amaal ganz hoofele ein schööna, kleina Triib dr Sonna drgeega. Wänn s an Triib vom a Rettich odr ara Roosa isch, kaa ma een waggsa loo wian är will. Wänn s abr as schlächts Gwächs isch, dänn muaß ma s schtantepee uusreißa, wänn ma s kännt hed. Ond uf dem Planeeta vom klei Prinz hed s ganz fürchtige Saama gää: Saama vom Affabrotbomm. Dia Ärd vo dem Planeeta isch voll drvoo gsee. Ond wänn ma

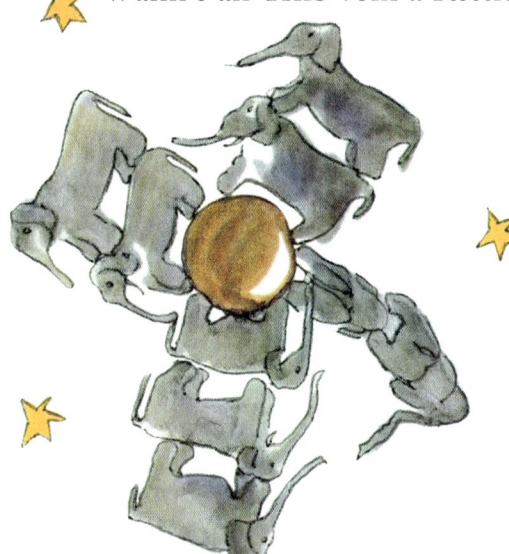

sche z schpaat an an Affabrotbomm machet, dänn würd ma een nia mee los. Dä breitet sche ufm ganza Planeeta uus. Dä boort sche uuberall mit schiina Wurzla düür. Ond wänn dr Planet z klei isch, ond wänn s da druuf z viile Affabrotbömm giit, dänn schprengetsch een usanand.

„Da muaß ma dra bliiba", hed mr dr klei Prinz schpeetr gsaid. Wämma sche am Morged fertig gmachet hed, muaß ma da Planet ordele fertig macha. Ma muaß sche jeeda Taag drzua zwenga ond dia kleina Affabrotbömm uusreißa, sobald ma sche vo Roosaschtöck ondrschiida kaa, deena luagetsch gliichle, wännsch ganz jong send.

Des isch as bodda länkwiiligs Gschäft, abr würkle eifach."

Ond aram schööna Taag hed är mr graata, i sött mi aaschtränga zom as schöös Bild maala, dass d Googa be mir dahei sche des au vorschtella könntet. „Wänn dia amaal furtgönd", hed r zu mir gsaid, „kaa des an großa Nutza haa. Mänksmal isch s glii, wämma a Aarbet uufschiabt. Abr wänn s om Affabrotbömm gaid, dänn isch des allig a Kataschtroofe. I han amaal an Planeeta kännt, uf dem an fuula Hond gwoonet hed. Dä hed drei kleine Boscha uubrsee …"

Ond na dem, was mr dr klei Prinz vrzellt hed, han i den Planeeta gmaalet. I heb ned gäära Moraalpreedigta. Abr as isch eifach viil z wenig bekannt, wia gföörle dia Affabrotbömm send, ond des Risiko für nämmrt, dä sche uf aram Aschteroid vrirrt, isch z groß, as dass i eis einzigs Maal a Uusnaam mach ond us mir ussagang. I sääg: „Googa! Gänd Obacht uf dia Affabrotbömm!" I ha lang a dem Bild gschaffet, so dass i miine Freunde vor a Gfaar warna kaa, oone dass i sche känn. Dia Leer, dia i wiitrgää könna ha, isch s alle Müa wärt gsee. Iir fraaget mi villiicht: Warom giits eigtle i dem Buach ned au no andre wondrbare Bilder wia des vo Affabrotbömm? D Antwort isch ganz eifach: I ha s probiirt, abr as isch mr ned glonga. Wo i dia Affabrotbömm gmaalet ha, hed mi des Gfüül triiba, dass as bitter notig isch.

D Affabrotbömm

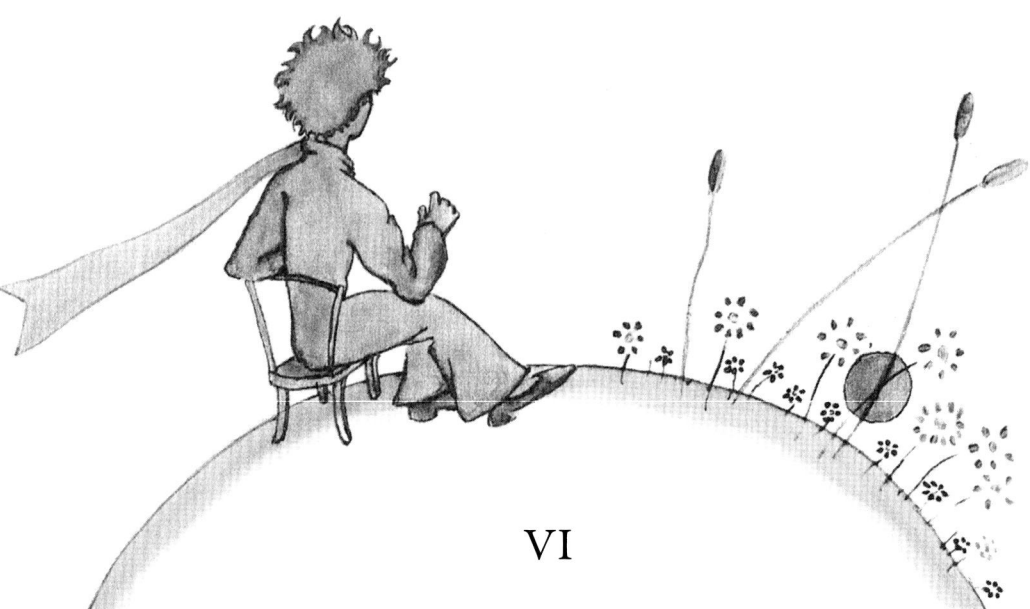

VI

Aa, kleina Prinz! So na ond na han i diis kleis, schwermüategs Lääba vrschtanda. Du hesch als Ondrhaltig/Ablänkig bloß d Fraid a Sonnaondrgäng kaa. I ha des nüüe Detail ärscht am Morged vom viirta Taag erfaara, wo du zu mir gsaid hesch:

„I mag Sonnaondrgäng. Komm, mir luaget önsch an Sonnaondrgang aa ..."

„Da müaßa mr abr warta ..."

„Uf was dänn?"

„Dass d Sonna ondrgaid."

Zärscht hed s so uusgsee, as ob du gschtutzt haiesch, ond dänn hesch du uubr di sälb glachet. Ond du hesch zu mir gsaid:

„I mein allig no, dass i be mir dahei bi."

So isch s halt. Wänn s z Amerika z Mittaag isch, gaid d Sonna, wia jeda weiß, uubr Frankreich ondr. Ma müaßt bloß in ara

Minutta nach Frankreich fleiga könna, zom bim Sonnaondrgang drbii see. Leidr isch Frankreich abr viil z wiit furt. Abr uf diim kleina Planeeta langet s, wänn d diin Schtual a paar Schriit wiit wäkk schiabsch. Ond jeds Mal, wänn d wella hesch, hesch dr aaluaga könna, wias duuchl würd …

„A eim Taag han i viiravirzg Mal gsee, wia d Sonna ondrganga isch!"

Ond as bizle schpeetr hesch du no gsaid:

„Weisch, wämma so truurig isch, mag ma Sonnaondrgäng …"

„Bisch du dänn a dem Taag mit deena viiravirzg Sonnaondrgäng so fescht truurig gsee?"

Abr dr klei Prinz hed mr ka Antwort gää.

VII

Am füüfta Taag han i änddle s Gheimnis vom Lääba vom klei Prinz vrschtanda, ond wiidr han i des dem Schaf vrdanket. Är hed mi ganz direkt, oone lange Eeleitig, as hätt r em Schtilla lang uubr as Problem naadaicht, gfraaget:

„Wänn as Schaf Boscha frisst, frisst s dänn au Bluama?"

„As Schaf frisst alls, was em in Wääg konnt."

„Sogar Bluama mit Schtachla?"

„Ja, sogar Bluama mit Schtachla."

„Ja, für was send dänn dia Schtachla guat?"

Des han i ned gwissa. I bi grad am Probiira gsee, an Bolza, dä fescht gschteckt isch, usm Motor ussaschruufa. I ha mr große Sorga gmachet, wil miine Panne aagfanga hed, mir würkle ganz schwer vorkoo, ond wil miis Wasser zom Triicha am Uusgoo gsee isch, han i s Mendschte befürchtet.

„Für was send Schtachla guat?"

Dr klei Prinz hed nia uufgää, wänn r amaal a Fraag gschtellt hed. I ha mi uubr miin Bolza uufgreegt ond han eem irgednämmes gantwortet.

„Schtachla, dia send für gar nüüd guat! Dia machet Bluama bloß, wilsch böösch send!"

„Hoi!"

Zärscht isch r as Wiile schtill gsee, dänn hed r as bizle daube gsaid:

„Des glaub i dr ned! Bluama send schwach. Dia daichet a nüüd Bööschs. Dia schützet sche sälb so guat sch könet. Schi glaubet, dasch mit iira Schtachla gföörle uusluaget."

I ha nüüd gantwortet. I dem Moment han i mr gsaid: Wänn dä Bolza allig no schtecka bliibt, schlag i een mim Hammer ussa.

Dr klei Prinz hed mi scho wiidr be miina Gedanka gschtört:

„Ond du glaubsch, dass Bluama …"

„Nei, nei! I glaub gar nüüd. I ha bloß irgednämmes gantwortet. I bi grad a nämmes Wichtigm draa."

Är hed mi vrdutzt aagluaget.

„A nämmes Wichtigm?"

Är hed mi gsee daschtoo, dr Hammr i dr Hand ond d Fengr schwarz vo dr Waagaschmiir, uubr as Deng bückt, won em sichr fürchtig lotschig vorkoo isch.

„Du schwätscht wia dia großa Lüüt!"

Da han i mi as bizle scheniirt. Är hed abr oone Mitleid no drzua gsaid:

„Du vrwächslesch alls … du brengsch alls düüranand!"

Är isch würkle butzschwiinig gsee. Är hed schiine goldiga Haar im Luft gschüttlet ond gsaid:

„I känn an Planet, wo an knallroota Maa woont. Dä hed no nia ara Bluama gschmeckt. Dä hed no nia an Schtärna aagluaget. Dä hed no nia nämmrt gäära kaa. Dä hed nia nämmes anders too as Zaala zäämazella. Ond dr ganz Taag lang said dä genau wia du allig wiidr: „I bi an wichtiga Mänsch! I bi an wichtiga Mänsch!" Ond des macht een vo luutr Schtolz ganz uufblaasa. Des isch abr gar kan Mänsch, des isch an Pilz!"

„An was?"

„An Pilz!"

Dr klei Prinz isch jetzt ganz wiiß gsee vor Zoora.

„Bluama lönd jetzt scho Jaarmillioona Schtachla waggsa. Ond trotzdem frässet d Schaf scho Jaarmillioona Bluama. Ond as isch ned grad eifach zom ussafenda, warom sche sche so viil Müa gänd, zom Schtachla waggsa loo, dia für nüüd guat send. Isch dä Kriag zwüsched Schaf ond Bluama ned wichtig? Isch des ned sogar wichtiger as dia Zäämazellerei voram dicka roota Maa. Ond wänn i, won i a einzigartige Bluama känn, dia s bloß uf miim Planeeta ond suus niana uf däära Wält giit ond dia as kleis Schaf a eim Morged uf ein Schlag uusrotta kaa, eifach so, oone dass as sche sälb druubrd klar isch, was as da aaschtellt – des söll ned wichtig see!?"

Är isch rot aaglaufa ond hed wiitrgschwätzt:

29

„Wänn nämmrt a Bluama gäära hed, dia s bloß eis einzigs Mal uf dena aabrmillioona Schtärna giit, dänn reicht des, dass är glückle isch, wänn är dia Schtärna aaluaget. Är said sche: „Irgednämma da dussa isch miine Bluama ... Abr wänn des Schaf dia Bluama frisst, dänn isch des für een, as wia wänn alle Schtärna uf eimaal uusgianget. Ond des söll ned wichtig see?"

Mee hed r ned sääga könna. Uf eimal isch r i Träana uusbrocha. As isch Nacht worda. I ha miine Wärchzüüg heeglaid. Miin Hammr, miin Bolza, dr Durscht ond dr Tod, dia semmr alle glii gsee. Da hed s uf aram Schtärna, aram Planeeta, uf miim Planet, dr Ärd, an kleina Prinz, dä trööschtet wärda muaß. I ha een in Arm gnoo. I ha een gschauklet. I ha zu eem gsaid: „Dia Bluama, dia du gäära hesch, isch ned e Gfaar ... I maal diim Schaf an Muulkorb ... I maal dr an Haag für diine Bluama ... I ..." I ha ned so rächt gwissa, was i no sääga hätt sölla. I bi mr so baatschet vorkoo. I ha ned gwissa, wia i a een draakoo odr een erreicha hätt könna. As isch voll mit Gheimnis, des Träanaland.

VIII

I ha dia Bluama weile besser kännagleert. Ufm Planeeta vom kleina Prinz hed s allig scho ganz eifache Bluama mit am einziga Kranz vo Bluamabletter gää, dia kan Platz bruucht händ ond niamrt gschtöört händ. Dia send a eim Morged uufganga ond am Aabed wiidr furt gsee.

Abr dia isch a eim Taag us aram wer weiß vo wohaar gweeta Saamakorn uufganga, ond dr klei Prinz hed den kleina Triib, dä gar ned so uusgluaget hed wia dia andra Triib, genau beobachtet.

As hätt ja a andre Sorta Affabrotbomm see könna. Abr dä kleine Boscha hed go bald amaal uufghöört waggsa ond hed aagfanga, a Blüata triiba. Dr klei Prinz isch drbii gsee, wia a mords Knoschpa koo isch ond hed glei s Gfüül kaa, dass da druus nämmes Wondrbars entschtoo würd. Abr dia Bluama hed keis Änd gfonda ond hed sche im Schutz vo iira grüana Kammara ussaputzet. Schi hed ganz peniibl iire Farba uusgsuacht. Schi hed sche ganz rüabig aaglaid; schi hed eis Blüatablettle nam andra zrächtglaid. Schi hed ned ganz vrzuuslet ussakoo wella wia Klatschmoonblüata. Schi hed ärscht ussakoo wella, wännsch i iira ganza Pracht schtraalt. Heieiei! Schi isch bodda hooffärtig gsee. Viile Taag hed s duuret bisch änddle fertig gsee isch mim Ussaputza. Ond dänn hed sche sche a eim Morged zeiget, grad wo d Sonna uufganga isch.

Ond obwool sche sche mit so viil Müa aagschträngt hed, hedsch gainet ond gsaid:

„Ach, i bi ja no gar ned richtig wach … I muaß mi entschuldiga; i bi ja no ganz vrzuuslet."

Da hed dr klei Prinz schiine Bewondrig nömma zruggheeba könna:

„Was bisch du schöö!"

„Gäll?", hed dia Bluama leise gsaid. „Ond i bi zur gliicha Ziit wia d Sonna geboora."

Dr klei Prinz hed s glei gschmekkt, dasch ned würkle a zfriidene gsee isch, abr schi isch so frappant gsee!

„I glaub, as isch Ziit fürs Morgedässa", hedsch glei druuf gsaid. Täätsch du a mi daicha …"

Dr klei Prinz isch ganz düüranand gsee, hed a Giaßkannta mit frischm Wassr ghoolt ond dia Bluama gnetzet.

Schi hed een mit iira so vrletzlicha hooffärtiga Art go bald plaaget. A eim Taag, zom Biischpiil, hedsch uubr iire viir Dorna gschwätzt ond zom kleina Prinz gsaid:

„Dia sölla no koo, dia Tiigr, mit iira Kralla!"

„Uf miim Planeeta giit s ka Tiigr", hed dr klei Prinz gsaid, „ond drvoo abgsee frässet Tiigr kas Graas."

„I bi kas Graas", hed dia Blume leise gantwortet.

„Entschuldigung …"

„I ha gar ka Angscht vor Tiigr, abr i kaa s uubrhaupt ned vrputza, wänn s ziat. Hättsch du villiicht as Räägadach geega dr Luft?"

„Schi kaa s ned vrputza, wänn s ziat … des isch scho as Ooglück für a Pflanza", hed dr klei Prinz sche daicht. „Dia Pflanza isch as bizle schwiirig …"

„Am Aabed schtellsch mi ondr a Glasglogga. Bi aib isch s ganz schö kalt. Des isch ned so praktisch. Da, won i harkomm …"

Abr dänn hed sche gschtutzt. Schi isch ja als Saamakorn koo. Schi hed ja gar nüüd vo andara Wälta wissa könna.

Schi hed sche scheniirt, dasch bem so domm Laiga vrwischt worda isch, hed zwei- odr dreimal ghüaschtlet, zom am kleina Prinz d Schuld zuaschiaba ond hed gsaid:

„Des Räägadach geega da Luft? ..."

„I ha s ja grad hoola wella, abr du hesch ja gschwätzt!"

Dänn hed sche sche no mee aagschträngt zom huaschta, zom eem as schlächts Gwissa macha.

So hed dr klei Prinz trotz schiim guata Willa ond schiinara Zuaneigig bald aagfanga a iira zwiifla. Är hed iire belanglosa Wort äärescht gnoo ond isch ganz ooglückle worda.

„I hätt ära gar ned zualoosa sölla", hed r mir a eim Taag gsaid, „Bluama sött ma nia zualoosa. Bloß aaluaga ond a eena schmecka sött ma. Miine Bluama hed miin ganza Planeeta mit iiram Gschmack uubrzooga, abr i ha mi ned druubrd fraiba könna. Dia Gschicht mit deena Kralla, dia mi so uufgreegt hed, hätt mi weich macha sölla ...

Dänn hed r mr no s Näggschte gsaid:

„Dötta han i sche ned vrschtoo könna. I hätt sche nach dem, was too hed ond ned wasch gsaid hed, beurteila sölla. Schi hed mi mit iiram Gschmack ond iiram Glanz eeghüllt. I hätt nia abhaua sölla! I hätt hendr iirar armseliga Lischt iire Zärtlichkeit aana sölla. Bluama send so voll vo Wiidrschprüch! Abr i bi z jong gsee zomsch gäära ha."

IX

I glaub, är hed zom Abhaua an Schwarm Zugvöögl bruucht. Am Morged vo schiinera Abreis hed r schin Planeeta no uufgrommet. Är hed schiine beida aktiva Vulkan no suubr uuskeert. Är hed zwei aktive Vulkane kaa. Ond des isch ganz praktisch gsee zom am Morged as warms Morgedässa macha. Är hed au ein vrloschena Vulkan. Abr är hed sche sälb gsaid: „Ma weiß nia!" ond hed au dr vrloschene Vulkan uuskeert. Wännsch guat uuskeert send, brännet Vulkan liicht ond gliichmäßig oone dasch uusbrächet. Wänn an Vulkan uusbricht, isch des wia wänn s Kämmed brännt. Klar semmr uf önscha Ärd viil z klei zom Vulkane uuskeera. Drom machetsch önsch so viile Probleme.

Mit am bizle Weemuat hed dr klei Prinz au no dia letschta Triib vom Affabrotbomm uusgrissa. Är hed daicht, dass r nia mee zruggkoo müäßt. Abr dia ganza gwoonta Arbetta hed r a dem Morged grad müüga. Won r zom letschta Mal dia Roosa gnetzt hed ond sche wella hed zom Schutz ondr iire Glasglogga schtella, hed r gmärkt, dass r fascht am Zanna gsee isch.

„Pfüadi", hed r zur Roosa gsaid.

Abr schi hed m ned gantwortet.

„Pfüadi", hed r nomaal gsaid.

D Roosa hed ghuaschtet. Abr ned, wilsch vrküalt gsee isch.

„I bi domm gsee", hedsch änddle gsaid. „I möcht di om Entschuldigung bitta. Probiir, froo see."

Är isch uubrrascht gsee, dasch eem gar ka Vorwürf gmachet hed. Är isch ganz düüranand da gschtanda ond hed dia Glasglogga i dr Hand ghebbt. Är hed ned vrschtanda, dasch uf eimal so rüabig ond liab gsee isch.

Är hed beede schiine aktiva Vulkan köörig uuskeert.

„Abr ja, i ha di doch gäära", hed dia Bluama zu eem gsaid. „Du hesch nüd drvoo gwissa. Des isch miine Schuld gsee. Des machet nüüd. Abr du bisch ja genauso domm gsee wian i. Probiir, froo see … Lass dia Glasglogga no see. I mag sche nömma."

„Abr dr Luft …"

„So vrküalt bi i jetz au wiidr ned. Dia frische Nachtluft würd mr guat tua. I bi a Bluama."

„Abr d Tiir …"

„I muaß doch zwei odr drei Raupa vrkrafta könna, wänn i Sonnahölderle kännaleera will. Dia sölla so schöö see. Wer sött mi dänn suus bsuacha? Du bisch dänn ja wiit furt. Ond dia grooßa Tiir, vor deena han i ka Angscht. I ha ja miine Kralla."

Ond schi hed treuherzig iire viir Dorna zeigt. Dänn hedsch gsaid:

„Mach ned so langsam, des regt mi uf. Du hesch wella furt goo. Dänn gang au."

Schi hed nämmle ned wella, dass r siat, wiasch zannet. As isch a ganz schtolze Bluama gsee …

X

Är isch i dr Geeged vo da Aschteroiden dreihondrtfüüfazwänzg (325), dreihondrtsäggsazwänzg (326), dreihondrtsiibenazwänzg (327), dreihondrtachtazwänzg (328), dreihondrtnüünazwänzg (329) ond dreihondrtdreißg (330) gsee. Also hed r aagfanga, dött heegoo zom nämmes zom tua fenda ond nämmes drzualeera.

Ufm ärschta hed an König gwoont. Dä König im Hääs us Purpur ond Harmfäll isch uf aram ganz eifacha ond doch majestätischa Troon ghokket.

„Ah! Da luag har! An Ondrtaan!" hed dr König grüaffa, wo n r dr klei Prinz gsee hed.

Ond dr klei Prinz hed sche gfraaget: „Wia kaa dä mi dänn wiidrkänna, won r mi no nia gsee hed?"

Är hed no ned gwissa, dass d Wält für König ganz eifach uusluaget. Alle Lüüt send Ondrtaana.

„Komm as biz neechr, dass i di besser see kaa", hed dr König zu eem gsaid ond isch ganz schtolz gsee, dass r änddle König uubr nämmrt gsee isch.

Dr klei Prinz hed rondom gluaget, wo r heehokka könnt, abr dä Planet isch ganz vo dem härrlicha Mantel us Harmfäll uubrdekkt gsee. Är isch also schtoo bliiba, ond wil r müad gsee isch, hed r aagfanga zom gaina.

„Des ghöört sche ned, wenn an König da isch, dass ma gainet", hed dä Monarch zu eem gsaid. „Des vrbiat i dir."

„I kaa ned andersch", hed dr klei Prinz ganz düüranand gsaid. „I haa a lange Reis hendr mir ond ha ned gschlaafa …"

„Dänn", hed dä König gsaid, „befiil i dir zom gaina. I ha scho jaarwiisch niamrt mee gaina gsee. Gaina isch für mi nämmes Bsondrs. Los! Gain noamaal. Des isch an Befeel!"

„Des macht mr Angscht … i kaa nömma …", hed dr klei Prinz gsaid ond isch rot worda.

„Hm! Hm!", hed dr König gantwortet. „Dänn … befiil i dir mängsmal zom gaina ond mängsmal …"

Är hed as bizle ommanandgschtammlet ond hed an schwiiniga Eedruck gmachet.

Dä König hed nämmle Wärt druuf gleggt, dass siine Autorität reschpektiirt worda isch.

Ned folga hed r ned vrtraaga. Är isch an absoluta Härrscher gsee. Abr wil r a Güate gsee isch, hed r köörige Befeele gää.

„Wänn i aram General bfeela täät", hed r dänn gsaid, „dass r sche in an Seevoogl vrwandla söll, ond wänn dä General ned folga dät, dänn wär des ned d Schuld vom General. As wär miine Schuld."

„Kaa i mi heehokka?", hed dr klei Prinz schüüch gfraaget.

„I befiil dir, dass du di heehokkesch", hed eem dr König gantwortet ond hed da Zipfl vo schim Mantel us Harmfäll majeschtätisch zua sche haarzooga.

Dr klei Prinz abr hed sche gwondret. Dä Planet isch raased klei gsee. Uubr was hed dä König bloß härrscha könna?

„Herr König", hed r zu eem gsaid ... „dürft i aib a Fraag schtella?" ...

„I befiil dir, dass du mir a Fraag schtellsch", hed dr König waile gsaid.

„Herr König, uubr was härrschet iir?"

„Uubr alls", hed dr König ganz sälbverschtändle gsaid.

„Uubr alls?"

Mit schiinara Hand hed dr König uf schiin Planeeta zeiget, dia andra Planeeta ond d Schtärna.

„Uubr des alls?", hed dr klei Prinz gsaid.

„Uubr des alls ...", hed dr König gantwortet.

Är isch nämmle ned an absoluta Härrschr gsee, sondern an Wälthärrschr.

„Ond dia Schtärna folget aib?"

„Ja, gwiis", hed dr König zu eem gsaid. „Dia folget ufs Wort. I kaa ned folga ned vrputza."

So a Macht hed dr klei Prinz vrwondret. Wänn är sälb so viil Macht kaa hett, hett r ned bloß bi viiraviirzg, sondern bi zweiasibbzg odr sogar bi hondrt odr zweihondrt Sonnaondrgäng a eim einziga Taag drbii see könna, oone dass är eimal siin Schtual vrrükka hett müaßa. Ond wil r as bizle truurig gsee isch, wil r a schiin Planeeta daicht hed, den r vrloo hed, hed r sche zäämagnoo ond dr König om an Gfalla bätta.

„I möcht gäära an Sonnondrgang aaluaga … Töd iir mir den Gfalla … Befeelet dr Sonna dasch ondrgaid …"

„Wänn i aram General bfeela täät, wia as Sonnahölderle vo einara Bluama zur andra zom flaiga odr a Tragödie zom schriiba odr sche in an Seevoogl zom vrwandla, ond dr General däät mr ned folga, wer vo önsch zwei wär dänn im Oorächt, är odr i?"

„Iir", hed dr klei Prinz beschtimmt gsaid.

„Genau! Ma muaß vo jedm des vrlanga, was r gää kaa", hed dr König wiitr gsaid. „Autorität giit s z allerärscht amaal wägga dr Vrnomft. Wänn du diim Volk befiilsch zom sche is Meer schtürza, würd s an Uufschtand macha. I ha s Rächt s Folga zom eefordera, wil miine Befeele köörig send."

„Ond miin Sonnondrgang?", hed dr klei Prinz noamaal gsaid. Är hed dia Fraaga, dia är amal gschtellt hed, nia vrgässa.

„Diin Sonnaondrgang kriasch du. I wärd s befeela. Abr gschiid wian i bi, wart i bis d Omschtänd gönschtig send."

„Ond wänn würd des see?", hed dr klei Prinz gfraaget.

„Hm! Hm!" hed eem dr König gantwortet ond in an dikka Kaländr iichegluaget. „Hm! Hm! So geeged ... geeged ... des würd so geeged zwänzg mendr achte see. Ond du würsch see, wia ma mir folget."

Dr klei Prinz hed gainet. As hed m Leid too, dass är schiin Sonnaondrgang vrsommet hed. Ond suus isch m scho as bizle länkwiilig worda:

„I ha da nüüd mee zom tua", hed är zom König gsaid. „I gang wiidr furt."

„Gang ned furt", hed dr König gsaid. Är isch so schtolz gsee, dass är an Ondrtaan kaa hed. „Gang ned furt. I mach di zom Minischtr."

„Zu was für am Minischtr?"

„Zom ... Juschtizminischtr."

„Abr da giit s doch gar keine, uubr dia ma richta könnt."

„Des kaa ma nia wissa", hed dr König zu eem gsaid. „I bi no ned i miim ganza Königreich ommradommkoo. I bi so alt, i ha kan Platz für a Kutscha. Ond Laufa macht mi müad."

„So! I ha abr", hed dr klei Prinz gsaid ond sche heebückt, zom no an Blick uf dia andre Siita vom Planeeta wärffa, „I ha abr scho gluaget: Da dääned isch au niamrt ..."

„Dänn muascht halt uubr di sälb richta", hed m dr König zur Antwort gää. „Des isch au am schweerschta. As isch viil schweerer uubr sche sälb zom richta als uubr nämmrt andra. Wännd des schaffsch, guat uubr di sälb zom richta, dänn bisch würkle an weisa Maa."

„I kaa uubr mi sälb richta, wurscht wo. Da bruuch i ned da woona."

„Hm! Hm!" hed dr König gsaid, „I glaub, as giit da nämma uf miim Planeeta a alte Ratta. I hör sche z Nacht. Uubr dia alte Ratta kaasch richta. Vornazua kaasch sche zom Tod vrurteila. So würd iir Lääba vo diim Richterschpruch abhaicha. Abr du muasch sparsam mit eera omgoo ond sche jeeds Maal begnadiga. Mir händ ja bloß eine."

„I mag ned gäära nämmrt zom Tod vrurteila", hed dr klei Prinz gsaid, „ond i glaub, i gang jetzt."

„Nei!", hed dr König gsaid.

Dr klei Prinz isch druuf ond dra gsee zom furt goo, hed abr dem alta Monarch ned wee tua wella.

„Wänn aibe Majeschtät Wärt ufs Folga legga deet, dätet iir mir an kööriga Befeel gää. Iir könntet mir zom Biischpiil befeela, dass i ira Minutta furtgang. I haa da Eedruck, dass d Omschtänd grad gönschtig send."

Wil dr König da ned druuf gantwortet hed, hed dr klei Prinz zerscht gschtocket, dänn isch är mit aram Kniischter uf a Wääg.

„I mach di zu miim Botschafter", hed dr König eem weile naagrüaffa.

Är hed brutal wichtig uusgsee.

Dia Gwachsana send ganz gschpässig, hed dr klei Prinz zua sche sälb gsaid ond isch wiiter graiset.

XI

Ufm zweita Planeeta hed an Eebillta gwoonet.

„Ah! Da luag har! Da konnt mi ein bsuacha, wo mi bewonderet!", hed dr Eebillte vo wiitam grüaft, won är dr klei Prinz gsee hed.

Für Eebillte send nämmle alle Lüüt Bewonderer.

„Grüaß di", hed dr klei Prinz gsaid. „Du hesch villiicht an luschtiga Huat."

„Den bruuch i zom Grüaßa", hed m dr Eebillte gsaid. „Zom Grüaßa, wämmr nämmrt Biifall klatschet. Abr blödrwiisch konnt da niamrt vrbii."

„Ach so!", hed dr klei Prinz gsaid, dä uubrhaupt nüüd vrschtanda hed.

„Klatsch amaal mit einera Hand i dia andre", hed m dr Eebillte vorgschlaaga.

Dr klei Prinz hed mit einera Hand i dia andre gschlaaga. Dr Eebillte hed schiin Huat as bizle glüpft ond grüaßt.

„Des isch ja luschtiger as dr Bsuach bim König", hed sche dr klei Prinz gsaid.

Ond dänn hed r nooamaal mit dr eina Hand i dia andre gschlaaga. Dr Eebillte hed schiin Huat nooamaal as bizle glüpft ond grüaßt.

Wo des dänn füüf Minutta so wiitrganga isch, hed dr klei Prinz d Länkwiile uubrkoo.

„Ond was muaß ma tua", hed r gfraaget, „dass dr Huat aachefallt?"

Abr dr Eebillte hed des ned ghöört. Eebillte looset allig bloß dänn, wämma sche lobbt.

„Bewondresch du mi ganz raased?", hed r d klei Prinz gfraaget.

„Was heißt dänn bewondra?"

„Bewondra heißt, dass ma zuagiit, dass i dr schööschte, am beschta aazoogne, dr reichschte ond gschiidschte Mänsch uf dem Planeeta bi."

„Abr du bisch doch allei uf dem Planeeta."

„Tua mr den Gfalla. Bewondr mi trotzdem!"

„I bewondr di", hed dr klei Prinz gsaid ond drbii as biz mit da Aggsla zukket, „abr warom isch dir dänn des so wichtig?"

Ond dr klei Prinz isch furt ganga.

„Dia grooßa Lüüt send würkle ganz schöö aige", hed r zu sche sälb gsaid ond isch wiitrgreist.

XII

Ufm näggschta Planet hed an Säufer gwoonet. Dä Bsuach isch ganz kurz gsee, abr är hed dr klei Prinz ganz truurig gmachet.

„Was tuasch du da?", hed r den Säufer gfraaget, dä ganz rüabig vor a Batterii leera Fläscha ond ara Batterii volla Fläscha ghokket isch.

„I triich", hed dr Säufer mit fenschtrm Blick gsaid.

„Wiso triichsch du?", hed dr klei Prinz een gfraaget.

„Zom vrgässa", hed dr Säufer gsaid.

„Zom was vrgässa?", hed dr klei Prinz wissa wella. Dä hed m scho Leid too.

„Zom vrgässa, dass i mi scheniir", hed dr Säufer zuagää ond hed dr Kopf haicha loo.

„Wiso scheniirsch du di dänn?" hed dr klei Prinz gfraaget. Är hed m hälffa wella.

„Wil i triich", hed dr Säufr no gsaid. Dänn isch r ganz rüabig hokka bliiba.

Ond dr klei Prinz isch ganz ratlos furtganga.

Dia grooßa Lüüt send doch würkle ganz, ganz aige, hed r zu sche sälb gsaid ond isch wiitrgreiset.

XIII

Dr viirte Planet hed aram Gschäftsmaa ghöört. Dä Maa hed deenawääg viil Aarbet kaa, dass r ned amaal uufgluaget hed, wo dr klei Prinz koo isch.

„Grüaß di", hed dr klei Prinz gsaid, „Diine Zigaretta isch uus."

„Drei ond zwei send füüf. Füüf ond siiba send zwölf. Zwölf ond drei föffze. Grüaß di. Föffze ond siiba zweiazwänzg. Zweiazwänzg ond säggs achtazwänzg. Ka Ziit zom wiidr aazönnta. Säggsazwänzg ond füüf eisadreißg. Oje! Des macht also füüfhondrteine Million säggshondrtzweiazwänzg siibahondrteisadreißg."

„Füüfhondrt Millioona vo was?"

„Was? Bisch du allig no da?

Füüfhondrteine Million vo … i weiß nömma … I ha so viil zom tua! I mach nämmes Ääreschts. I gib mi ned mit am Schmarra ab! Zwei ond füüf siiba."

„Füüfhondrt Millioona vo was?", hed dr klei Prinz noamaal gsaid. Är hed no nia i schiim Lääba lugg loo, wänn r amaal a Fraag gschtellt hed.

Dr Gschäftsmaa hed uufgluaget:

„I woon jetzt scho viiraföffzg Jaar uf dem Planeeta ond bi ersch drei Mal gschtöört worda. Des ärschte Mal isch vor zweiazwänzg Jaar gsee, wo an Maikäfer vo weiß dr Taifl wohar aachagfalla isch. Dä hed so an gruusiga Krach gmachet, ond i ha mi viir Mal bim Zäämazella vrrächnet. Des zweite Mal isch vor älf Jaar gsee, won i an Rheuma-Aafall kaa ha. I ha ned gnua Beweegig. I ha ka Ziit zom Schpaziira goo. I mach nämmes Ääreschts. S dritte Mal ... des isch jetzt. Also, i ha gsaid: füüfhondrtondeine Million ...

„Millioona vo was?"

Dä Gschäftsmaa hed vrschtanda, dass a Rua ned zom daicha gsee isch.

„Millioona vo deena kleina Dengr, dia ma mänksmal am Hemml siat."

„Flaiga?"

„Naa, so kleine Dengr, dia lüüchtet."

„Emma?"

„Neiii. So kleine goldige Dengr, vo deena Fuule dromma. Abr i tua nämmes Ääreschts. I ha ka Ziit zom Dromma."

„Aha! Schtärna?"

„Ja, richtig. Schtärna."

„Ond was machesch du mit füüfhondrt Millioona Schtärna?"

„Füüfhondrtondeine Million säggshondrtzweiazwänzgtaused siibahondrteisadreißg. I mach nämmes Ääreschts. I nemm s genau."

„Ond was machsch du mit da Schtärna?"

„Was i mit deena mach?"

„Ja."

„Nüüd. Dia kööret mir."

„Dia Schtärna kööret dir?"

„Ja."

„Abr i ha scho mal an König vrläbbt, dä …"

„Da König kööret gar nüüd. Dia ‚härrschet' uubr nämmes. Des isch ganz nämmes anders."

„Ond was hesch du drvoo, dass du reich bisch?"

„Dänn kaa i no mee Schtärna kauffa, wänn nämmrt sche fent."

Dä da, hed dr klei Prinz zu sche sälb gsaid, kaa ogfaar so logisch daicha wia miin Säufer.

Trotzdem hed r no mee Fraaga gschtellt:

„Wia könnet aim dänn Schtärna kööra?"

„Wem kööret sche dänn?", hed dr Gschäftsmaa schwiinig gfraaget.

„I weiß ned. Niamrt."

„Also kööret sche mir, wil i ha zärschd a sche daicht."

„Ond des langet?"

„Abr gwiis!" Wänn du an Brillianta fendsch, wo niamrt köört, dänn köört r dir. Wänn du a Ensel fendsch, wo niamrt köört, dänn köört sche dir. Wänn du als Ärschter a Idee hesch, laasch sche dir patentiira, ond dänn köört sche dir. Ond mir, mir kööret d Schtärna, will s no nia nämmrt eegfalla isch, dasch eim kööra könntet."

„Des isch waar", hed dr klei Prinz gsaid. „Was tuasch du mit deena?"

„I vrwalt sche. I zell sche ond zell sche allig wiidr", hed dr Gschäftsmaa gsaid. „Des isch schwer. Abr i bi an ääreschta Maa!"

Dr klei Prinz isch allig no ned zfriida gsee.

„Wänn mir an Schal köört, dänn kaa i mr den om da Hals legga ond een mitnää. Wänn mir a Bluama köört, kaa i miine Bluama brokka ond sche mitnää. Abr du kaasch d Schtärna ned brokka!"

„Nei. Abr i kaa sche uf d Bank legga."

„Was heißt des?"

„Des heißt, dass i ufn Zäädl schriib, wia viile Schtärna i ha. Ond dänn schpeer i den Zäädl ira Schuublaad ee."

„Ond des isch alls?"

„Des langet!"

Des isch luschtig, hed dr klei Prinz daicht. Des isch bodda poetisch. Abr des isch ned ääresch.

Dr klei Prinz hed vo ääreschta Sacha a ganz andre Vorschtellig kaa as dia grooßa Lüüt.

„Mir", hed r änddle gsaid, „mir kööret a Bluama, won i jeeda Taag netz. Mir kööret drei Vulkan, won i eimal i da Wucha wüsch. I keer nämmle au an vrloschana Vulkan uus. Ma kaa nia wissa. As isch guat für miine Vulkan ond guat für miine Bluama, dasch mir kööret. Abr du bisch nüüd wärt für dia Schtärna …"

Dr Gschäftsmaa hed s Muul uufgmachet, abr as isch eem nüüd eegfalla, was r hätt sääga könna. Ond dr klei Prinz isch furtganga.

Dia grooßa Lüüt send ganz gwiis bsondrs, hed dr klei Prinz zu sche sälb gsaid ond isch wiitrgreist.

XIV

Dr füüfte Planet isch ganz gschpässig gsee. As isch dr kleinschte vo allna gsee. Da hed s grad gnua Platz für a Schtraaßalatärna ond an Latärnaaazönddr gää. Dr klei Prinz hed sche uubrhaupt ned vorschtella könna, für was irgednämma em Hemml, uf aram Planeeta oone Huus ond oone Eewoonr a Schtraaßalatärna ond an Latärnaaazönddr guat see hättet sölla. Abr är hed sche gsaid:

Villiicht isch dä Maa ned ganz bache. Abr är isch doch klarer em Kopf as dr König, dr Eebillte, dr Gschäftsmaa ond dr Säufer. Wenigschtens hed schiine Aarbet an Wärt. Wänn r schiine Latärna aamachet, dänn isch s wia wänn r am nüüa Schtärna odr ara Bluama zom Lääba vrhälffa deet. Wänn r schiine Latärna uusmachet, dänn schlaafet d Bluama odr dr Schtärna ee. Des isch würkle a schööne Aarbet. Des hed würkle an Nutza, wil s schöö isch.

Won är uf dem Planeeta glandet isch, hed n dr Latärnaaazönddr frönddle begrüaßt:

„Grüaß di. Wiso hesch du grad diine Latärna uusgmachet?"

„Des isch dr Uuftraag", hed dr Latärnaaazönddr gantwortet.

„Was isch dänn dr Uuftraag?"

„Dass i miine Latärna uusmach. An schööna Aabed."

Ond är hed sche wiidr aagmachet.

„Abr warom hesch du sche grad wiidr aagmachet?"

„Des isch dr Uuftraag", hed dr Latärnaaazönddr gantwortet.

„Vrschtand i ned", hed dr klei Prinz gsaid.

„Da giit s nüüd zom vrschtoo", hed dr Latärnaaazönddr gsaid. „Uuftraag isch Uuftraag. An schööna Taag."

Ond är hed schiine Latärna wiidr uusgmachet.

Dänn hed r sche schiine Schtirn mit ama rotkariirta Sakktuach abputzt.

„I ha an fürchtiga Bruaf. Früanr isch s gschiid gsee. Am Morged han i sche uusgmachet ond am Aabed han i sche aagmachet. Dia üübrige Ziit vom Taag han i mi uusruaba könna ond z Nacht schlaafa ..."

„Ond sitt dänn hed sche dr Uuftraag vränderet?"

„Dr Uuftraag hed sche ned gänderet", hed dr Latärnaaazönddr gsaid. „Des isch s ja! Dr Planet hed sche vo eim Jaar ufs näggschte allig weilicher drait, ond dr Uuftraag hed sche ned gänderet."

„Ond?"

„Ond jetzt, won är sche eimal i dr Minutta drait, han i keine Sekonda mee zom uusruaba. I mach eimal i dr Minutta aa ond uus."

„Des isch luschtig!" Be dir duuret dia Taag a Minutta!"

„Des isch uubrhaupt ned luschtig", hed dr Latärnaaazönddr gsaid. „Mir hängeret jetzt scho an ganza Moonet mitanand."

„An ganza Moonet?"

„Ja, dreißg Minutta. Dreißg Taag. An schööna Aabed!"

Ond är hed schiine Latärna wiidr aagmachet.

„I ha an fürchtiga Bruaf."

Dr klei Prinz hed een aagluaget, ond är hed den Laternaaazönddr gäära kaa, dä schiin Uuftraag so vrlässle uugfüürt hed. Är hed dra daicht, wian är früanr schiin Schtual vrrükkt hed zom Sonnaondrgäng aaluaga. Är hed aram Freund hälffa wella.

„Weisch … i wüsst da nämmes, wia du di uusruaba könntesch, wänn du witt."

„Uusruaba will i mi allig", hed dr Latärnaaazönddr gsaid.

Ma kaa nämmle gliichziitig vrlässle ond fuul see.

Dr klei Prinz hed wiitrgschwätzt:

„Diin Planet isch so klei, dass du i drei Schritt eimal rondom konnsch. Du muascht bloß langsam gnua goo, dänn bliibsch du allig i dr Sonna. Wänn du di uusruaba witt, dänn gaisch du … ond as würd so lang Taag see, wia du witt."

„Des brengt mi ned viil wiitr", hed dr Latärnaaazönddr gsaid. „I schlaaf für miis Lääba gäära."

„Pääch kaa", hed dr klei Prinz gsaid.

„Pääch kaa", hed dr Latärnaaazönddr gsaid. „An schööna Taag." Ond är hed schiine Latärna uusgmachet.

Den da, hed dr klei Prinz sche sälb gsaid, won är wiitrgreist isch, den da wärda sche alle vrachta, dr König, dr Eebillte, dr Säufer, dr Gschäftsmaa. Ond trotzdem isch är dr Einzige, wo mir ned lächerle vorkonnt. Villiicht wil är sche om nämmes andrs as om sche sälb kömmeret.

Är hed truurig kniischtet ond hed sche sälb gsaid:

Dä da isch dr Einzige, den i hätt zu miim Freund macha könna. Abr schiin Planet isch würkle z klei. Für zwei isch da kan Platz.

Was dr klei Prinz abr ned zuagää hed wella, isch gsee, dass är vo dem Planeeta vor allem ned furt wella hed, wil är i viirazwänzg Schtond mit eintausedviirhondrtondvirzg Sonnaondrgäng gseegnet gsee isch!

XV

Dr säggste Planet isch zeea Mal so groß gsee wia dr letschte. Uf eem hed an alta Herr gwoonet, wo riisige Büachr gschriiba hed.

„Ah, da luag har! An Forschr!", hed är grüaft, won är dr klei Prinz gsee hed.

Dr klei Prinz hed sche ufn Tisch ghokket ond as bizle pfuufet. Är isch scho so wiit greist!

„Vo wo konnsch du?" hed een dr alte Maa gfraaget.

„Was isch dänn des für as dikks Buach?", hed dr klei Prinz gfraaget. „Was machsch du da?"

„I bi Geograf", hed dr alte Maa gsaid.

„Was isch dänn des, an Geograf?"

„Des isch an Gleerta, dä weiß, wo d Meer, d Bäch, d Schtädt, d Bärg ond d Wüüschta send."

„Des isch ja würkle intressant", hed dr klei Prinz gsaid. „Änddle mal an richtiga Bruaf!" Ond är hed sche uf dem Planeeta vom Geograf as bizle omgluaget. Är hed no nia so an mächtiga Planeeta gsee.

„Würkle schöö isch är, diin Planet! Giit s da au Ozean?"

„Des kaa i ned wissa", hed dr Geograf gsaid.

„Ach!" (Dr klei Prinz isch enttäuscht gsee.) „Ond Bärg?"

„Des kaa i ned wissa", hed dr Geograf gsaid.

„Ond Schtädt ond Bäch ond Wüüschta?"

„Des kaa i au ned wissa", hed dr Geograf gsaid.

„Abr du bisch doch Geograf!"

„Des schtemmt", hed dr Geograf gsaid, „abr i bi kan Forschr. Mir gönd Forschr da ab. An Geograf gaid ned hee ond zellt Schtedt, Bäch, Bärg, Meer, Ozean ond Wüüschta. An Geograf isch viil z wichtig zom Schpaziiragoo. Är gaid ned usm Büro. Abr dött begrüaßt är d Forschr. Är fraaget sche uus ond schriibt uuf, a wasche sche erenneret. Ond wänn d Erenneriga vo eim vo eena dr Geograf intressant duuchet, dänn laad är a Ondrsuachig uubr dia moralische Eeschtellig vo dem Forschr aaschtella."

„Warom des?"

„Wil s i da Geografiibüachr a Kataschtroofe gäb, wänn an Forschr laiga deet. Ond ganz des Gliiche wär s, wänn an Forschr z viil triicha deet."

„Warom des?", hed dr klei Prinz wissa wella.

„Wil Suffköpf doppled seend. Also det dr Geograf zwei Bärg eezeichna, wo s bloß ein giit."

„I känn ein", hed dr klei Prinz gsaid, „dä gäb an schlächta Forschr."

„Des kaa see. Ond wänn sche uusaschtellt, dass d moralische Eeschtellig voma Forschr guat isch, dänn würd a Ondrsuachig uubr schiine Entdeckig gmachet."

„Würd dia dänn aagluaget?"

„Nei, des wär z kompliziirt. Abr ma vrlangt voma Forschr, dass är Beweise liifret. Wänn s zom Bischpiil om d Entdeckig voma grooßa Bärg gaid, vrlangt ma, dass r große Schtai mitbrengt."

Ufeimal isch dr Geograf ganz usm Hüüsle gsee.

„Abr du, du konnsch vo wiit har! Du bisch an Forschr. Du muasch mr diin Planeeta beschriiba!"

Dr Geograf hed schiis dicke Notizbuach uufgschlaaga ond schiin Bleischtift gschpitzet. Zärscht werdet dia Bricht vo da Forschr mit ama Bleischtift uufgschriiba. Ärscht, wänn dr Forschr Beweise gliifret hed, würd mit Tinte gschriiba.

„Jetz?", hed dr Geograf gfraaget.

„Ach", hed dr klei Prinz gsaid, „be mir isch as ned so intressant. As isch würkle ängg. I ha drei Vulkan. Zwei send aktiv ond ein Vulkan isch vrloscha. Abr ma kaa ja nia wissa."

„Ma kaa nia wissa", hed dr Geograf gsaid.

„I ha au a Bluama."

„Bluama schriiba mr ned uuf", hed dr Geograf gsaid.

„Warom dänn ned? Dia send doch am schööschta!"

„Wil Bluama efemer send."

„Was heißt dänn ‚efemer'?"

„Geografiibüachr", hed dr Geograf gsaid, „send dia wichtigschta Büachr vo allna. Dia wärdet nia alt. As konnt ganz sällta vor, dass an Bärg schiin Schtandort ändret. As konnt ganz sällta vor, dass an Ozean schiis Wasser ablaat. Mir schriibet Sacha uuf, wo ewig send."

„Abr vrloschene Vulkan könnet wiidr aktiv wärda", hed dr klei Prinz een ondrbrocha. „Was heißt ‚efemer'?"

„Ob Vulkan vrloscha send odr aktiv, des isch önsch Geografa wurscht", hed dr Geograf gsaid. „Was für önsch zellt, isch, dass as an Bärg isch. Dä ändret sche ned."

„Abr was heißt dänn ‚efemer'?", hed dr klei Prinz wiidrholt, dä no nia uufgää hed, wänn r amaal a Fraag gschtellt hed.

„Des heißt: nämmes würd waarschindle go bald vrschwenda."

„Miine Bluama würd go bald vrschwenda?"

„Ja, gwiis."

„Miine Bluama isch efemer", hed dr klei Prinz zu sche sälb gsaid, „ond schi hed viir Dorna zom sche geega d Wält weera. Ond i ha sche ganz allei dahei gloo."

Des isch s ärschte Mal gsee, dass s eem Leid too hed. Abr är hed wiidr Muat gfasst:

„Was deetsch du mir raata zom bsuacha?", hed r gfraaget.

„Dr Planet Ärd", hed dr Geograf gantwortet. „Dä hed an guata Ruaf."

Ond dr klei Prinz isch furtganga ond hed a schiine Bluama daicht.

XVI

Dr sibbte Planet isch also d Ärd gsee.

D Ärd isch ned irgedein Planet. Dött giit s eishondrtälf König (dr Negerkönig ee mitzellt), siibataused Geografa, nüühondrttaused Gschäftslüüt, siibenahalb Millioona Eebillte, macht zääma ogfaar zwei Milliarda Gwachsene.

Dass iir a Vorschtellig vo da Uusmaaß vo dr Ärd haid, kaa i aib sääga, dass as vor ma d Elektrizität erfonda hed uf allna säggs Kontinent as richtigs Heer vo viirhondrt zweiasächzg taused fuufhondrtälf

Laternaaazönddr gää hed. Vo wiitm hed des an grooßa Eedruck gmachet. Dia Beweegiga vo dem Heer send feschtgleggt gsee wia dia vom a Ballett i dr Oper. Zärscht send dia Laternaaazönddr vo Neuseeland ond Auschtralien a dr Rei. Wänn dia iire Lampa uusgmachet händ, sendsch ge schlaafa ganga. Dänn händ dia Laternaaazönddr vo China ond Sibirien iiren Tanz aagfanga. Dänn send au dia hendr da Kulissa vrschwonda. Dänn send dia Laternaaazönddr vo Russland ond Indien a dr Rei gsee. Dänn dia vo Afrika ond Europa. Dänn dia vo Südamerika. Dänn dia vo Nordamerika. Ond nia händ sche sche vrtoo, wännsch mit iirem Uuftritt dra gsee send. Des isch großartig gsee.

Bloß dr Aazönddr vo dr einziga Lampa vom Nordpol ond schiin Kolleg vo dr einziga Lampa vom Südpol händ as gmüatles Fuulänzrlääba kaa. Dia händ zweimal im Jaar gschaffet.

XVII

Wämma bsondrs luschtig see möcht, konnt s vor, dass ma as bizle bschiißt. I bi ned bsondrs eerle gsee, wo i aib vo da Laternaaazönddr vrzellt ha. Da könntet dia, wo önscha Planeeta ned kännet, a falsche Vorschtellig kriaga. D Mänscha bruuchet uf dr Ärd ganz wenig Platz. Wänn sche dia zwei Milliarda Eewoonr uf dr Ärd wia bi ra Vrsammlig ängg zäämaschtella deetet, dänn deetetsch liicht uf an öffentlicha Platz vo zwänzg mal zwänzg Meila passa. Ma könnt dia ganze Menschheit uf dr kleischta Ensl em Schtilla Ozean ondrbrenga.

Dia groißa Lüüt glaubet aib des ee ned. Schi meinet, schi näämet viil Platz ee. Schi glaubet, schi seied grad so wichtig wia dia Affabrotbömm. Dänn müaßet iir eena raata, dasch sälb amaal zäämazella. Schi händ Zaala so gäära. Des würd eena gfalla. Abr mit dem müaßet iir ned aibe Ziit vrtua. Des isch ned nootig. Iir haid ja Vrtruua zu mir.

Wo dr klei Prinz uf d Ärd koo isch, hed r sche köörig gwondret, dass är uubrhaupt niamrt gsee hed. Är hed scho Schiss kaa, dass är ufm falscha Planeeta glandet isch, wo sche an mondliachtfarbena Reng im Sand hin und har bewegt hed.

„An guata Aabed", hed dr klei Prinz eifach so gsaid.

„An guata Aabed", hed d Schlanga gsaid.

„Uf weela Planeeta bi i aachegfalla?", hed dr klei Prinz gfraaget.

„Uf d Ärd, in Afrika", hed d Schlanga gantwortet.

„Asoo! Giit s dänn niamrt uf da Ärd?"

„Des da isch d Wüüschte. I dr Wüüschte giit s niamrt. D Ärd isch groß", hed d Schlanga gsaid.

Dr klei Prinz hed sche uf an Schtei ghokket ond an Hemml uffe gluaget.

„I tät geera wissa", hed r gsaid, „ob dia Schtärna so häll lüüchtet, dass a jeeda schiin Schtärna amaal wiidr fenda kaa. Luag dr miin Planeeta a. Är isch genau uubr önsch … Abr är isch so wiit furt."

„Är isch schöö", hed d Schlanga gsaid. „Für was bisch du da har koo?"

„I ha as Gfrett mit ara Bluama", hed dr klei Prinz gsaid.

„Ach so!", hed d Schlanga gsaid.

Beede sendsch rüabeg gsee.

„Wo send d Lüüt?", hed dr klei Prinz na ram Wiile wiidr aagfanga. „As isch as bizle eischicht i dr Wüüschte …"

„Ma isch au bi da Lüüt allei", hed d Schlanga gsaid.

Dr klei Prinz hed sche lang aagluaget.

„Du bisch as gschpässigs Tiir", hed är dänn zuara gsaid, „dönn as wia an Fengr."

„Abr i bi schtärchr as dr Fengr voram König", hed d Schlanga gsaid.

Dr klei Prinz hed lächla müaßa.

„Du hesch ned viil Kraft … du hesch ja ned amaal Bei … du kaasch ned amaal furt goo."

„I kaa di wiitrbrenga as as Schiff", hed d Schlanga gsaid.

Sche hed sche wia as goldigs Armband om d Knöchl vom kleina Prinz gwikklet. Ond hed dänn gsaid:

„Wen i berüür, den breng i wiidr i d Ärd zrugg, won är ussakoo isch. Abr du bisch ooschuldig, ond du konnsch voram Schtärna."

Dr klei Prinz hed nüüd gsaid.

„Du tuasch mr Leid. Du bisch so schwach uf däära Ärd us Granit. I kaa dr villiicht amaal hälffa, wänn du s Heiwee na diim Planeeta hesch. I kaa …"

„Oha! I vrschtand", hed dr klei Prinz gsaid, „abr wiso schwätsch du allig i Rätsel?"

„I kaa sche alle löösa", hed dr klei Prinz gsaid.

Ond dänn sendsch rüabig gsee.

XVIII

Dr klei Prinz isch dür d Wüüschte ganga, ond alls, was r gfonda hed, isch a Bluama gsee. A Bluama mit drei Blüatablettr, a ganz grottige Bluama.

„Grüaß di", hed dr klei Prinz gsaid.

„Grüaß di", hed d Bluama gsaid.

„Wo send d Lüüt?", hed dr klei Prinz frönddle gfraaget.

Dia Bluama hed irgedwänn amaal a Karawaana vrbiiziia gsee.

„D Lüüt? I mein, as giit säggs odr siiba. I ha sche vor a paar Jaar gsee. Ma weiß abr nia, wo ma sche fendd. Dr Luft blaaset sche dür d Geeged. Dia händ ka Wurzla. Des isch a grooße Müa für sche."

„Pfüadi", hed dr klei Prinz gsaid.

„Pfüadi", hed d Bluama gsaid.

„Du bisch as gschpässigs Tiir", hed är dänn zuara gsaid,
„dönn as wia an Fengr."

XIX

Dr klei Prinz isch uf an hooa Bärg uffegschtiiga. Dia einziga Bärg, dia är dua kännt hed, send drei Vulkan gsee, dia eem bis zu da Knei ganga send. Ond den vrloschna Vulkan hed är als Bööchle für schiine Füaß hargnoo. Vo so am hooa Bärg us, hed r sche sälb gsaid, müaßt i dr ganze Planet ond alle Lüüt ufamaal see könna … Abr är hed nüüd gsee uußr schpitze Felsa, schpitz wia Naadla.

„Grüaß di", hed r ufamaal gsaid.

„Grüaß di … Grüaß di … Grüaß di …", hed em s Echo gantwortet.

„Wär seid iir?", hed dr klei Prinz gsaid.

„Wär seid iir? … Wär seid iir?", hed s Echo gantwortet.

„Was für an gschpässiga Planet", hed r daicht. „Är isch furztroche, ond ganz schpitz ond ganz salzig. Ond da Lüüt feelt s a Fantasii. Dia sääget des, was ma eena said, naa. Be mir dahei han i a Bluama kaa. Dia hed allig als ärschte gschwätzt.

XX

Abr wo dr klei Prinz lang uubr da Sand, Felsa ond Schnee ganga isch, hed r a Schtraaß gfonda. Ond alle Schtraaßa füüret zu Lüüt, wia ma weiß.

„Grüaß di", hed r gsaid.

As isch an Garta gsee mit luutr Roosa, dia blüat händ.

„Grüaß di", händ d Roosa gsaid.

Dr klei Prinz hed sche aagluaget. Dia händ alle so uusgluaget wia schiine Roosa.

„Wär seid iir?", hed r sche gfraaget.

„Mir send Roosa", händ d Roosa gsaid.

„Aso!", hed dr klei Prinz gsaid.

Ond är isch derart truurig gsee. Schiine Bluama hed eem vrzellt, schi sei uf dr ganza Wält dia einzige vo iira Art. Ond da send ufamaal füüftaused drvo gsee, ganz gliichle, i eim einziga Garta!

Dia wär ganz schö schwiinig, hed r zu sche sälb gsaid, wänn sch des see teet ... Schi tät fürchtig huaschta ond so tua, as wärsch am Schtärba zom sche ned blamiira.

Ond i müäßt so tua, as ob i sche pflääga teet, wil suus liaßt sche sche sälb würkle schtärba, bloß zom mir eis uuswischa.

Dänn hed r no zu sche sälb gsaid: I ha daicht, i sei reich mit miinera einzigartiga Bluama, ond jetzt han i bloß a ganz eifältige Roosa. Dia ond miine drei Vulkan, dia mr bis zu da Knai gönd ond vo deena ein villiicht für allig vrloscha isch. Des machet ned grad an ganz grooßa Prinz us mir.

Ond är hed sche is Gras glait ond zannet.

XXI

Da isch dr Fuggs uf dr Bildfläche erschiina.

„Grüaß di", hed dr Fuggs gsaid.

„Grüaß di", hed dr klei Prinz frönddle gantwortet. Är hed sche omdrait, abr nüüd gsee.

„Da bin i", hed dia Schtemm gsaid, „ondrm Öpflbomm ..."

„Wär bisch du?", hed dr klei Prinz gfraaget. „Du bisch villiicht schöö!"

Dä Planet isch furztroche, ond ganz schpitz ond ganz salzig.

„I bi an Fuggs", hed dr Fuggs gsaid.

„Komm, schpiil mit mir", hed em dr klei Prinz vorgschlaaga. „I bi so truurig …"

„I kaa ned mit dir schpiila", hed dr Fuggs gsaid. „I bi no ned zooga."

„Ach so! Entschuldige", hed dr klei Prinz gsaid. Är hed uubrlait ond dänn gmeint:

„Was heißt ‚zooga'?"

„Du konnsch ned vo da", hed dr Fuggs gsaid. „Was suachsch du?"

„I suach d Lüüt", hed dr klei Prinz gsaid.

„Was heißt ‚zooga'?"

„D Lüüt händ Gweer ond gönd uf d Jagd. Des isch ned frei. Dia ziaet au Hänna. Des isch s Einzige was sche interessiirt. Suachsch du Hänna?!"

„Nei", hed dr klei Prinz gsaid. „I suach Freunde. Was heißt ‚zooga'?"

„Des isch nämmes, was oft vrgässa würd", hed dr Fuggs gsaid. „Des heißt, dass ma ‚mit andra vrbonda' isch."

„Mit andra vrbonda see?"

„Ja, gwiis", hed dr Fuggs gsaid. „Für mi bisch du bis jetz bloß an kleina Buab wia hondrttaused andre kleine Buaba. Ond i bruuch di ned. Ond du bruuchsch mi au ned. Für di bi i bloß an Fuggs wia hondrttaused andre Függs. Abr wänn du mi ziasch, dänn bruucha mr anand. Dänn bisch du eimaalig für mi uf dära Wält. Ond i bi eimaalig für di uf dära Wält."

„Langsam vrschtand i s", hed dr klei Prinz gsaid. „As giit da a Bluama ... i glaub, dia hed mi zooga."

„Kaa see", hed dr Fuggs gsaid. As giit uf dära Ärd so allerhand ...

„Oh. Des isch ned uf dr Ärd", hed dr klei Prinz gsaid.

Dr Fuggs isch ganz vrdattret gsee:

„Uf aram andra Planeeta?"

„Ja."

„Giit s uf dem Planeeta Jägr?"
„Nei."
„Des isch intressant. Ond Hänna?"
„Nei."
„Nüüd isch perfekt", hed dr Fuggs kniischtet.
Abr dr Fuggs isch no amaal uf schiin Gedanka zrugg koo:
„Miis Lääba isch eischichtig. I jaik Hänna, d Lüüt jaiket mi. Alle Hänna send gliich, ond alle Lüüt send gliich. Also isch mr as bizle länkwiilig. Abr wänn du mi ziasch, dänn schiint d Sonna i miim Lääba. Dänn hör i Schritt, dia ganz anderscht klenget as alle andra. Wänn i dia hör, gang i ondr d Ärd. Diine Schritt wärdet mi wia Muusig us miim Ärdloch ussarüaffa. Ond luag amaal da! Siasch du dött dääned dia Weizaäckr? I iss kas Brot. Für mi isch Weiza übrig. Weizaäckr sääget mr nüüd. Ond des isch truurig. Abr du hesch goldgälbe Haar. Dr goldgälbe Weiza würd mi a di erennera. Ond as würd mi fraiba, wänn i da Luft dür da Weiza blaasa hör …"

Dr Fuggs hed nüüd gsaid ond dr klei Prinz lang aagluaget:
„Bitte … zia mi", hed r gsaid.
„Gäära", hed dr klei Prinz gantwortet, „abr i ha ned viil Ziit. „I muaß Freunde fenda ond viil kännaleera."
„Ma leert bloß nämmes känna, wänn ma s ziat", hed dr Fuggs gsaid. „D Lüüt händ ka Ziit me zom nämmes kännaleera. Dia kaufet alls fertig i da Lääda. Abr wil s ka Lääda giit, wo ma Freunde kaufa kaa, händ d Lüüt keine Freunde mee. Wänn du an Freund witt, dänn zia mi."

„Was müaßt i tua?", hed dr klei Prinz gsaid.
„Du bruuchsch viil Geduld", hed dr Fuggs gantwortet.
„Zärsch hokkescht di as biz wiitr furt vo mir is Gras – so. I luag di usm Augawiichl a, ond du saisch nüüd. Schpraach kaa ma

allig falsch vrschtoo. Abr jeeda Taag kaasch di as bizle mee zu mir omma hokka."

Am neggschta Taag isch dr klei Prinz wiidr koo.

„Du wärsch gschiidr zur gliicha Ziit wiidrkoo"; hed dr Fuggs gsaid. „Wänn du zom Bischpiil am Noomittaag omma viire konnscht, dänn fang i scho omma drüü aa froo see. Ond om so schpeetr s dänn würd, om so mee fraib i mi. Omma viire bi i dänn scho ganz uufgreegt ond oorüabig. Dänn märk i, was s koscht zom froo see! Abr wänn du irgedwänn konnsch, dänn weiß i nia, wänn i miis Härz druuf eerichta söll. Ma bruucht Riita."

„Was send Riita?", hed dr klei Prinz gfraaget.

„Des isch au nämmes, was ma oft vrgisst.", hed dr Fuggs gsaid. „Des isch, dass ein Taag andrsch isch wia dr andere, eine Schtond andrsch as dia andre. As giit zom Bischpiil be miina Jägr so an Riitus. Am Donnschtig tanzet sche mit da Maika em Dorf. Wäggad dem isch dr Donnschtig so an wondrbaara Taag! Da gang i bis zu da Wiigärta schpaziira. Wänn d Jägr irgedwänn amaal tanza goo deetet, wäret alle Taag gliich ond i hätt uubrhaupt ka Ferien."

So hed dr klei Prinz dr Fuggs zooga. Ond wo s Ziit worda isch zom Pfüadi sääga, hed dr Fuggs gsaid:

„Ach, i muaß zanna."

„Da bisch du sälb schuldig. I ha dir ned wee tua wella, abr du hesch ja wella, dass i di zia."

„Ja, gwiis!", hed dr Fuggs gsaid.

„Abr du würsch zanna", hed dr klei Prinz gsaid.

„Ja, gwiis!" hed dr Fuggs gsaid.

„Dänn brengt dr des alls nüüd!"

„Moll, ond zwar wägga dr Farb vo dr Weizafäldr."

Ond dänn hed r no gsaid:

„Gang ond luag dr diine Roosa no amaal a. Dänn vrschtaisch du, dass diine Roosa eimaalig isch uf däära Wält. Dänn konnsch du zu mir zrugg ond saisch mr Pfüadi. Ond dänn schaich i dir as Gheimnis."

Dr klei Prinz isch furt ganga zom d Roosa no amaal aaluaga.

„Iir seid uubrhaupt ned wia miine Roosa. Iir sei uubrhaupt nüüd", hed r zu eena gsaid. „Niamrt hed ai zooga, ond iir haid au no niamrt zooga. Iir seid so, wia miin Fuggs gsee isch. Des isch bloß an Fuggs gsee, genau wia hondrttaused andre Függs. Abr i ha een zu miim Freund gmachet ond jetz isch r eimaalig uf dära Wält."

Ond d Roosa händ sche fürchtig scheniirt.

„Iir seid schöö, abr iir seid leer", hed r no zu eena gsaid. „Für ai kaa ma ned schtärba. Klar könnt an normala Mänsch meina, dass miine Roosa genauso isch wia iir. Abr dia isch viil wichtiger as iir alle mitanand, wil i sche nämmle gnetzt ha. Wil i sche ondr a Glogga gschtellt ha. Wil i sche mit aram Räägadach geega da Luft

„Wänn du zom Bischpiil am Noomittag omma viire konnsch,
dänn fang i scho omma drüü a froo see."

gschützt ha. Wil i iire Raupa hee gmachet ha (uußr deena zwei odr drei für d Sonnahölderle). Wil i iira zuaglooset ha, wiasch an Joomr kaa hed odr wiasch brooglet hed odr wia sche mänksmal sogar nüüd gsaid hed. Wil s miine Roosa isch."

Ond är isch wiidr zrugg zom Fuggs koo.

„Pfüadi", hed r gsaid.

„Pfüadi", hed dr Fuggs gsaid. „Des isch miis Gheimnis: As isch ganz eifach: Ma siat bloß mit am Härza guat. Was würkle wichtig isch, des seen d Auga ned."

„Was würkle wichtig isch, des seen d Auga ned", hed dr klei Prinz noamaal gsaid, wil r sche des märkka wella hed.

„Was diine Roosa so wichtig machet, isch d Ziit, dia du dr für diine Roosa gnoo heschd."

„D Ziit, dia i mr für miine Roosa gnoo ha", hed dr klei Prinz noamaal gsaid, wil r sche des märkka wella hed.

„D Lüüt händ dia Waarheit vrgässa", hed dr Fuggs gsaid. „Abr du därf sche nia vrgässa. Du bisch allig für des vranwortle, was du zooga hesch. Du bisch für diine Roosa vrantwortle …"

„I bi für miine Roosa vrantwortle …", hed dr klei Prinz noamaal gsaid, wil r sche des märkka wella hed.

Ond är hed sche is Gras glait ond zannet.

XXII

„Grüaß di", hed dr klei Prinz gsaid.

„Grüaß di", hed dr Weichaschtellr gsaid.

„Was tuasch du da?" hed dr klei Prinz gfraaget.

„I sortiir d Faaargescht na Tausedr", hed dr Weichaschtellr gsaid. „I schick dia Züüg, dia sche mitnänd, amaal lenggs omme, amaal rächts omme."

Ond an häll bschiinena Schnällzug isch vrbii donneret ond hed s Wärtrhüüsle zom Zittara bronga.

„Dia händ ka Drwiil", hed dr klei Prinz gsaid. „Was suachet dia?"

„Des weiß ned amaal dr Lokomotivfüürer", hed dr Weichaschtellr gsaid.

Ond scho isch an zweita häll bschiinena Schnällzug i dia andre Richtig vrbii donneret.

„Kommet dia scho wiidr zrugg?", hed dr klei Prinz gfraaget.

„Des send ned dia gliicha", hed dr Weichaschtellr gsaid. „Dia wächslet sche ab."

„Sendsch ned zfriida gsee dött, wosch gsee send?"

„Ma isch nia zfriida dött, wo ma isch", hed dr Weichaschtellr gsaid.

Ond wiidr isch an dritta häll bschiinena Schnällzug vrbii donneret.

„Jaiket dia dia ärschta Faargescht?", hed dr klei Prinz gfraaget.

„Dia jaiket gar nüüd", hed dr Weichaschtellr gsaid. „Dia schlaafet da denna odr gainet. Bloß d Googa drücket sche iire Naasa a dr Schiiba platt."

„Bloß d Googa wisset, wasch suacha", hed dr klei Prinz gsaid. „Dia nännd sche Ziit für iire Schtoffpoppa, ond dia würd ganz wichtig ond wämma sche eena wäkknemmt, zannetsch."

„Dia händ Glükk", hed dr Weichaschtellr gsaid.

XXIII

„Grüaß di", hed dr klei Prinz gsaid.

„Grüaß di", hed dr Händler gsaid.

Des isch an Händler gsee, dä Pilla geega da Durscht vrkauft hed. Ma schluckt eine pro Wucha, ond dänn hed ma kein Durscht mee.

„Wiso vrkaufsch du des?", hed dr klei Prinz gfraaget.

„Mit deena kaa ma viil Ziit schpaara", hed dr Händler gsaid. „Des händ gschiide Lüüt uusgrächnet. Pro Wucha schpaart ma dreiaföffzg Minutta."

„Ond was tuat ma mit deena dreiaföffzg Minutta?"

„Ma tuat mit deena, was ma will."

Wänn i dreiaföffzg Minutta übrig hett, hed dr klei Prinz zu sche sälb gsaid, dänn deet i ganz gmüatle zura Quälla goo.

XXIV

As send jetz scho acht Taag gsee sit miim Malöör i dr Wüüschte, ond i ha dia Gschicht vo dem Händlr ghöört, wo i grad dr letschte Tropfa vo miim mitbrongana Wasser troocha kaa haa.

„Ach!", han i zom kleina Prinz gsaid, „Diine Erennriga send ja ganz nätt, abr i ha miin Flaiger no ned gflickt, ha nüüd mee zom Triicha ond wär au bodda froo, wänn i ganz gmüatle zura Quälla goo könnt."

„Miin Freund, dr Fuggs", hed r zu mir gsaid …

„Miin liaba kleina Ma, mit diim Fuggs hed des nüd mee zom tua."

„Warom?"

„Wil mr bald vom Durscht schtärba …"

Är hed ned vrschtanda, was i sääga wella ha ond hed mr gantwortet:

„As isch guat, wänn ma an Freund kaa hed, au wämma schtirbt. I, i bi froo, dass i an Fuggs zom Freund kaa haa …"

Dä erkännt d Gfaar ned, han i be mir daicht. Ond hed no nia Hongr odr Durscht kaa. As bizle Sonna langet eem …

Abr är hed mi aagluaget ond uf miine Gedanka gantwortet:

„I ha au Durscht … komm, mir gönd an Bronna suacha."

I ha abgwonka. As isch an Schmarra, ufs Graatewool i dr Wiite vo dr Wüüschte an Bronna zom suacha. Abr losganga semmr trotzdem.

Wo mr schtondalang ganga gsee send, oone nämmes zom sääga, isch s duuchl worda ond d Schtärna händ aagfanga fonkla. I ha sche gsee wia em Dromm, wil i vo luutr Durscht au as bizle Fiabr kaa ha. Was dr klei Prinz gsaid hed, isch i miinera Erennerig ommand tanzt:

„Du hesch also au Durscht", han i een gfraaget.

Abr är hed mr ned uf miine Fraag gantwortet. Är hed bloß zu mir gsaid:

„Wasser kaa au fürs Härz guat see …"

I ha schiine Antwort ned vrschtanda, ha abr nüüd gsaid … I ha scho gwissa, dass i een ned uusfraaga ha dürffa.

Är isch müad gsee. Är hed sche heeghokket. I ha mi nääbed een ghokket. Ond dänn, wo mr as Wiile nüüd gschwätzt kaa händ, hed r gsaid:

„Dia Schtärna send schöö, wägged ara Bluama, dia ma ned siat …"

I ha gantwortet: „Ja, gwiis", ond ha, oone nämmes sääga, d Sandwälla im Mondliacht aagluaget.

„D Wüüschte isch schöö", hed r gsaid …

Ond des hed gschtemmt. I ha d Wüüschte scho allig müüga. Ma hockket sche uf a Sanddüne. Ma siat nüüd. Ma höört nüd. Ond doch schtraalet nämmes i dr Schtille …

„Was d Wüüschte so schöö machet", hed dr klei Prinz gsaid, „isch, dass nämma an Bronna vrschtekkt isch …"

I ha mi gwondret, dass i uf amaal des gheimnisvolle Schtraala vom Sand vrschtoo ha könna. Won i an kleina Buab gsee bi, han i iram alta Huus gwoonet, ond da hed ma sche vrzellt, dass dött denna an Schatz vrgraaba sei. Klar hed niamrt den heeba könna, no hed een villiicht nämmrt gsuacht. Abr är hed des ganze Huus vrzauberet, miis Huus hed as Gheimnis vrborga, daif denna i schim Härza …

„Ja", han i zom kleina Prinz gsaid, „ob s jetz om des Huus gaid odr om d Schtärna odr d Wüüschte, wasche so schöö machet, des kaa ma ned see!"

„I frai mi", hed r gsaid, „dass du mit miim Fuggs eevrschtanda bisch."

Wo dr klei Prinz eegschlaafa isch, han i een uf da Arm gnoo ond bi wiitr ganga. I bi bewegt gsee. As isch mr vorkoo, as täät i an zerbrechlicha Schatz traaga. As isch mr sogar fascht so vorkoo, as täät s uubrhaupt nüd Zerbrechlicheres uf däära Wält gää.

Im Liacht vom Moona han i schiine blasse Schtirn, dia gschlossana Auga aagluaget ond gsee, wia dia Löckle im Luft zitteret händ ond ha mr sälb gsaid: „Was i da sia, isch bloß a Hülle. S Wichtigschte kaa ma ned see ..."

Wo schiine halboffena Lippa as liichts, schwachs Lächla aadüütet händ, han i be mir sälb gsaid:

„Was mi a dem kleina Prinz, dä da schlaaft, so aarüürt, isch schiine Treue zura Bluama, des Bild vora Roosa, dia wia des Liacht vora Lampa schtraalet, sogar wänn r schlaft ..." ond är isch mr gad no schwechr vorkoo. Ma muaß Lampa guat schütza. An Luftschtoß kaa sche uusblaasa.

Ond won i so wiitrganga bi, han i em Morgagraua da Bronna gfonda.

XXV

„Dia Lüüt", hed dr klei Prinz gsaid, „drükka sche i dia Schnällzüüg iiche, wisset abr nömma, wasch suacha. Dänn wärdetsch nervös ond draiet sche em Kreis ..."

Dänn hed r no gsaid: „Des loonet sche ned ..."

Dä Bronna, zu dem mir heekoo send, hed ned so uusgluaget wia normale Bronna i da Sahara. Bronna i da Sahara send normaalrwiisch eifache bessere Sandlöchr. Dää hed uusgluaget wia an Dorfbronna. Abr da isch weit ond breit kas Dorf gsee ond i ha daicht, i teet dromma.

Är hed glachet, ds Seil gnoo ond uubr d Wenda zooga.

„Des isch eige", han i zom kleina Prinz gsaid. „Alls isch gricht: D Wenda, dr Küübl ond ds Seil ..."

Är hed glachet, ds Seil gnoo ond uubr d Wenda zooga. Ond dia Wenda hed gritschget wia an alta Wättrgockl, wänn lang kein Luft ganga isch.

„Hörsch", hed dr klei Prinz gsaid, „mir wecket dr Bronna uuf, ond är faat aa zom senga ..."

I ha ned wella, dass r sche fescht aaschtrӓngt, ond ha zu eem gsaid:

„Lass mi mal macha. Des isch z schwer für di."

Langsam han i den Küübl bis zom Bronnarand zooga. Dött han i n guat heegschtellt. I miina Oora hed allig no des Liad vo da Lüft klonga, ond em Wassr, des no zitteret hed, han i gsee wia d Sonna zitteret hed.

"I ha Durscht uf des Wassr", hed dr klei Prinz gsaid, „gib mr zom Triicha ..."

Ond i ha vrschtanda, na was är gsuacht hed!

I ha da Küübl a schiine Lippa glüpft. Är hed mit zuana Auga troocha. As hed so guat gschmeckt wia uf am Fescht. Des Wasser isch mee gsee as a gwöönlechs Naarungsmittel. As isch usm Marsch ondr da Schtärna, usm Liad vom Luft, us dr Aaschtrӓngig vo miina Arm entschtanda. As hed m Härza guat too, wia as Chröömle. Won i an kleina Buab gsee bi, hänt dia Liachtr am Wianachtsbomm, dia Muusig i dr Mitternachtsmäss, des zarte Lächla genau so den Zaubr vo miina Wianachtschröömle uusgmachet, dia i kriat ha.

„Be dir dahei", hed dr klei Prinz gsaid, „ziiet d Lüüt füüftaused Roosa in aram Garta ... ond fendet ned, wasch suachet."

„Nei, des fendetsch ned", han i gantwortet.

„Ond drbii könntetsch des, wasch suacha, in ara einziga Roosa odr in am biz Wasser fenda ..."

„Sowiso", han i gantwortet.

Ond dr klei Prinz hed no gsaid:

„Abr d Auga send blend. Ma muaß mim Härza suacha."

I ha troocha kaa. I ha wiidr daif düürschnuufa könna. Wänn s häll würd, hed dr Sand a Farb wia dr Hong. Ond dia Hongfarb hed mi au froo gmachet. Warom han i truurig see müaßa? ...

Dr klei Prinz hed sche wiidr nääbed mi heeghocket ond leise zu mir gsaid: „Du muasch diis Vrschprächa eehalta."

„Weels Vrschprächa?"

„Du weisch doch ... an Muulkorb für miis Schaf ... i bi für miine Bluama vrantwortle!"

I ha miine Skizza us dr Täscha ghoolt. Dr klei Prinz hed sche aagluaget, glachet ond gsaid:

„Diine Affabrotbömm seend as bizle us wia Koolköpf."

„Oh!"

Ond drbii bi i so schtolz gsee uf miine Affabrotbömm!

„Diin Fuggs ... schiine Oora ... dia luaget as bizle us wia Hoora ... ond send viil z läng."

Ond wiidr hed r glachet.

„Du bisch ned grächt, kleina Ma, i ha ja uußr Boaschlanga vo uußerthalb ond Boaschlanga vo enderthalb gar nüüd zeichna könna."

„Ach, as würd s scho tua", hed r gsaid, „Googa vrschtönd des."

Also han i an Muulkorb zeichnet. Ond miis Härz hed sche zäämazooga, wo i s eem gää ha.

„Du hesch nämmes vor, vo dem i nüüd weiß ..."

Abr är hed mr ned gantwortet. Är hed zua mr gsaid:

„Weisch, moora würd s as Jaar, dass i uf d Ärd gfalla bi ..."

Ond dänn na aram Wiile hed r no gsaid:

„Da ganz i dr Nääe bi i aachagfalla."

Ond är isch rot worda.

Ond oone zom vrschtoo, warom, han i mi ufeimal wiidr uf a gschpässige Art truurig gfüült.

„Dänn isch des also kein Zuafall gsee, dass du a dem Morged, won i di troffa ha, da ganz allei tausend Meila wiit furt vo bewoonta Geegeda ommanandschpaziirt bisch. Bisch du a dia Schtell zruggganga, wo du aachagfalla bisch?"

Dr klei Prinz isch wiidr rot worda.

Ond i ha no hoofele gsaid:

„Isch des villiicht wägga dem Jaartaag gsee …?"

Ond wiidr isch dr klei Prinz rot worda. Är hed ja nia uf miine Fraaga gantwortet, abr wämma rot würd, dänn heißt des doch „ja", odr?

„Ach!", han i zu em gsaid, „i ha Angscht …"

Abr är hed mr gantwortet: „Du muasch jetz a d Aarbet. Du muasch zrugg zu diim Motor. I wart da uf di. Komm moora am Aabed wiidr zrugg …"

Abr des hed mi ned rüabig gmachet. I ha a den Fuggs daicha müaßa. Ma rischkiirt, dass ma zanna muaß, wämma sche zia loo hed …

XXVI

Nääbed dem Bronna isch a alte, zäämagfallene Muura gsee. Won i am näggschta Taag vo miinera Aarbet zruggkoo bi, han i vo wiitm gsee, wia miin kleina Prinz druufghokket isch ond schiine Bei gengga loo hed. Ond i ha ghört, wian är gschwätzt hed:

„Erennerescht di nömma?", hed r gsaid. „Ganz genau da isch s ned gsee."

A andre Schtemm muaß em gantwortet ha, wil är hed gantwortet:

„Moll, moll. Dr Taag schtemmt, abr da isch as ned gsee ..."

I bi wiitr uf dia Muura zuaganga. Allig no han i niamrt ghört ond niamrt gsee. Ond dänn hed dr klei Prinz ufs Nüüe gantwortet:

„Klar. Du würsch see, wo miine Schpuur em Sand aafaat. Du muasch bloß döt uf mi warta: Hüüt am Aabed bi i da."

I bi zwänzg Meetr vo dära Muura wäkk gsee, han abr allig no nüüd gsee.

Naaram Wiile hed dr klei Prinz gsaid:

„Hesch du as guats Gift? Bisch du sicher, dass i ned lang liida muaß?"

I bi schtoo bliiba. Mir heds s Härz zäämazooga, abr i ha s allig no ned vrschtanda.

„Gang jetz!", hed r gsaid ... „i möcht da aache."

Da han i ondrthalb a dia Muura gluaget ond ha an Juck gnoo. Da isch, geeged dr klei Prinz uufgrichtet, eine vo deena gälba Schlanga gsee, dia ein i dreißg Sekonda ombrenga könnet. I ha i miinera Täscha na miim Revolvr gwüalet ond aagfanga laufa. Abr bi dem Krach, den i gmachet ha, hed sche dia Schlanga leise i da Sand gleita loo, wia an Wasserschtraal, dä vrsickret, ond isch vrschwonda, oone pressiira, mit aram metallena Klang zwüsched da Schtei. I bi grad no ziitle zur Muura koo zom miin kleina Prinz i miina Arma uuffanga. Siis Gsicht isch wiiß wia Schnee gsee.

„Was söll dänn des? Schwätsch du jetz mit Schlanga?"

I ha eem schiin ewig goldiga Schal glockret. I ha em schiine Schlääfa füücht gmachet ond em zom Triicha gää. Ond jetzt han i mi nömma truut een nämmes fraaga. Är hed mi äärescht aagluaget ond mir schiine Arm om da Hals gleggt. I ha gfüült wia siis Härz gschlaaga hed, wia des vom a aagschossena Voogl, dä im Schtärba liit. Är hed zua mr gsaid:

„I bi froo, dass du ussagfonda hesch, was mit diinera Mascheena los gsee isch. Jetz kaasch heifleiga ..."

„Wohar weisch du des?"

I ha em grad vrraata wella, dass mr trotz allem d Reparatur glonga isch.

Är hed mr uf miine Fraag ned gantwortet, hed abr gsaid:

„I gang hüüt au hei ..."

Ond dänn hed r schwermüateg gsaid:

„Des isch viil wiitr ... des isch viil schweerer."

I ha gschpüürt, dass nämmes Bsondrs passiirt. I han een i da Arm ghebbt wia as kleis Kend, ond trotzdem isch s mr vorkoo, as ob är in a Daiffe aachefallt, oone dass i nämmes tua hätt könna zom een heeba ...

Är hed ganz äärescht gluaget, ganz i Gedanka vrsonka:

„I ha ja diis Schaf. Ond i ha da Muulkorb ..."

Ond är hed schwermüatig glächlet.

I ha lang gwartet. I ha gschpürt, wian är langsam wiidr zua sche sälb koo isch.

„Gang jetz!", hed r gsaid ... „i möcht wiidr aache."

„Kleina Ma, du hesch Angscht kaa …"

Klar hed r Angscht kaa. Abr är hed leise glachet ond gsaid:

„Hüüt am Aabed han i dänn no viil mee Angscht …"

Ufs Nüüe isch s mr eiskalt da Buggl aacheglaufa. I ha s Gfüül kaa, dass da nüüd zom ändra isch. Ond i ha gwissa, dass i den Gedanka ned vrtraaga ha könna, dass i des Lacha nia mee hör. Des isch für mii gsee wia a Quälla i dr Wüüschte.

„Kleina Ma, i will di wiidr lacha hööra …"

Abr är hed zu mir gsaid:

„Hüüt z Nacht würd s as Jaar. Dänn isch miin Schtärna genau uubr däära Schtell, wo i fäära aachagfalla bi …"

„Kleina Ma, des mit däära Schlanga ond däära Vrabredig ond dem Schtärna isch abr scho an bööscha Dromm, odr …"

Abr är hed mr uf miine Fraag ned gantwortet. Är hed zua mr gsaid:

„Was wichtig isch, kaa ma ned see …"

„Sowiso …"

„As isch wia mit dr Bluama. Wänn du a Bluama uf aram Schtärna gäära hesch, dänn isch s schöö, z Nacht an Hemml luaga. Dänn blüüet alle Schtärna."

„Sowiso …"

„As isch wia mim Wasser. Des, was du mir zom Triicha gää hesch, isch gsee wia Muusig, wägga deena Lüft ond wägga dem Seil … du erenneresch di … Des isch guat gsee!"

„Sowiso …"

„Z Nacht luagescht dr dänn dia Schtärna aa. Be mir dahei isch s z klei, als dass i dir zeiga könnt, wo miin Schtärna isch. S isch besser so. Miin Schtärna würd für di dänn ein vo deena Schtärna see. Dänn luagscht dr alle Schtärna gäära aa. Schi wärdet alle diine Freunde see. Ond außerdem schaich i dr no nämmes …"

Wiidr hed r glachet.

„Ach, kleina Ma, kleina Ma, wia gäära hör i des Lacha!"
„Genau des schaich i dir … As isch genau wia mit m Wasser …"
„Was witt du mit dem sääga?"
„Alle Lüüt händ Schtärna, abr ned dia gliicha. Für Lüüt, dia am Reisa send, send s Leitschtärna. Für andre sendsch bloß kleine Liachtr. Für wiidr andre, für Wissenschaftler, sendsch Probleme. Für miin Gschäftsmaa sendsch Gold gsee. Abr alle dia Schtärna sääget nüüd. Du, du würsch Schtärna haa wia suus niamrt …"
„Was witt du mit dem sääga?"
„Wänn du z Nacht an Hemml uffeluagescht, wil i uf eim vo deena woon, wil i uf eim vo deena lach, dänn würd s für di so see, as ob alle Schtärna lachet. Du, bloß du, würsch Schtärna ha, dia lacha könnet."

Ond är hed wiidr glachet.

„Ond wänn du dänn trööschtet bisch (ma trööschtet sche allig wiidr), dänn würsch du froo see, dass du mi kännagleert hesch. Dänn würsch du mit mir lacha wella. Ond mänksmal würsch du diis Fänschtr uufmacha, bloß so, us Schpaß … Ond diine Freunde wärdet sche wondra, dasch di lacha seend, wänn an Hemml luagscht. Dänn würsch du eena sääga: „Ja, dia Schtärna, dia brenget mi allig zom Lacha!" Ond sche wärdet daicha, du bisch närsch. Dänn han i dir köörig bösslet …"

Ond wiidr hed r glachet.

„Des isch dänn, as hett i dir schtatt Schtärna an Huufa kleine Glogga gschaicht, dia lacha könnet …"
Ond wiidr hed r glachet. Dänn isch r äärescht worda.

„Weisch … hüüt z Nacht … komm ned."
„I lass di ned allei."

"As würd so uusluaga, as ob s mr schlächt gaid … as bizle, wia wänn i schtärba det. So isch des. As loonet sche ned, dass d konnsch zom des aaluaga."
„I lass di ned allei."

Abr är hed sche Sorga gmachet.
„I sääg dr des … au wägga dr Schlanga. Sche derf di ned biißa … Schlanga send böösch. Dia biißet, bloß wil s eena Schpaß machet …"
„I lass di ned allei."

Abr nämmes hed een rüabig gmachet:
„As schtemmt, dasch fürn zweita Biss kas Gift mee händ …"
I däära Nacht han i ned gsee, wian r sche ufn Wääg gmachet het. Är isch oone an Laut vrschwonda. Won i een dänn eeghoolet kaa ha, isch r schtramm ond weile marschiirt. Är hed bloß zua mr gsaid:
„Ach, du bisch da!"

Ond hed mi a dr Hand gnoo. Abr är hed sche allig no Sorga gmachet:
„As isch ned rächt vo dir gsee. As würd dr wee tua. As würd so uusluaga, as wär i tot, abr des würd ned schtemma …"

I ha nüüd gsaid.

„Vrschtand halt … As isch z wiit. I kaa den Körper ned mitnää. Är isch z schwer."

I ha nüüd gsaid.

„As würd uusluaga wia a alte Hülla. Da isch nüd Truurigs ara alta Hülla …"

I ha nüüd gsaid.

Är hed as bizle Muat vrloora. Abr är hed s noamaal probiirt:
„Weisch? As würd ganz schöö. Au i wärd dia Schtärna aaluaga. Alle Schtärna wärdet Bronna mit roschtiga Wenda see. Alle Schtärna wärdet mir zom Triicha eeschaicha ..."

I ha nüüd gsaid.

„Des würd so luschtig! Du würsch füüfhondrt Millioona Glogga ha, ond i füüfhondrt Millioona Quälla ..."

Är hed au nüüd gsaid, wil r zannet hed ...

„Da isch s. Lass mi a paar Schritt allei goo."

Ond är hed sche heeghokket, wil r Angscht kaa hed ...

Dänn hed r no gsaid:

„Du weisch ja ... miine Bluama ... i bi für sche vrantwortle! Dia isch so schwach! Ond sche isch so eifach! Schi hed viile wenzige Dorna, dia sche vor dr Wält bschütza söllet ..."

I ha mi heeghokket, wil i nömma schtoo ha könna. Är hed gsaid:

„So isch s ... Des isch s gsee ..."

Är hed no as bizle gschtooret, dänn isch r wiidr uufgschtanda. Är hed an Schritt gmachet. I ha mi ned rüüra könna. As hed bloß an gälba Blitz a schiim Knöchl gää. Ein Moment lang hed r sche ned bewegt. Är hed ned pfengget. Är isch ganz liicht omgfalla, wia an Bomm. Wäggam Sand hed s ned amaal an Laut gää.

XXVII

Ond jetz isch des halt scho säggs Jaar har ...

I ha dia Gschicht no nia nämmrt vrzellt. Dia Kameraada, dia mi wiidrgsee händ, send ganz froo gsee, dasch mi läbbtig wiidrgsee händ. I bi truurig gsee, han abr zu eena gsaid:

„Des konnt vom müad see ..."

Jetz han i mi as bizle trööschtet. Des heißt ... ned würkle. Abr i weiß scho, dass är uf schiin Planeeta zruggganga isch. Wo s häll worda isch, han i nämle schiin Körpr ned gfonda. As isch ned an bsondrs schweera Körper gsee ... Z Nacht loos i gäära da Schtärna zua. As isch wia füüf Millioona Glogga ...

Är isch ganz liicht omgfalla, wia an Bomm.

Abr dänn isch nämmes Bsondrs passiirt. I ha vrgässa, m Muulkorb, den i für den kleina Prinz zeichnet ha, au an Läädrriama gä. Är hed een m Schaf gwiis nia aalegga könna. Wägga dem han i mi gfraaget: „Was isch uf siim Planeeta passiirt? Villiicht hed s Schaf dia Bluama gfrässa?"

Mänksmal sääg i mr: „Gwiis ned!" Dr klei Prinz schpeert schiine Bluama jede Nacht ondr schiinera Glasglogga ee, ond passt guat uf siis Schaf uuf …" Dänn bi i froo. Ond alle Schtärna lachet leise.

Mänksmal sääg i zua mr: „Ab ond zua isch ma zerschtreut, ond scho isch s passiirt! A eim Aabed hed r dia Glasglogga vrgässa, odr s Schaf isch z Nacht ganz leise usseganga …" Dänn vrwandla sche dia Glogga i Trääna! …

As isch as grooß Gheimnis. Für aib, dia iir au den kleina Prinz so gäära haid, isch s genau wia für mi ned wurscht, ob nämmrt im Universum, wer weiß wo, as Schaf, des ma ned kännt, a Roosa gfrässa hed odr ned? Ond iir wärdet see, wia sche alls änderet …

Luaget dr Hemml aa! Fraaget ai: Hed des Schaf dia Bluama gfrässa odr ned? Ond iir wärdet see, wia sche alls ändret …

Ond kein Gwachsna würd je vrschtoo, dass des so wichtig isch.

Des isch für mi dia schööschte ond truurigschte Landschaft uf däära Wält. As isch dia gliiche Landschaft wia uf dr vooriga Siita, abr i ha sche noamaal gmaalet, dass iir sche aib eeprääga könnet. Da isch dr klei Prinz uf dr Ärd erschiina ond dänn au wiidr vrschwonda.

Luaget aib dia Landschaft genau aa, dass r sche gwiis wiidrkännet, wänn r amaal z Afrika i dr Wüüschte ondrwäxxx seid. Ond i ha a große Bitte a ai: Wänn iir da zuafällig vrbiikommet, dänn pressiiret ned glei wiitr. Wartet as bizle, genau ondr dem Schtärna! Wänn dänn as Kend uf aib zuakonnt, wänn s lachet, wänn s goldgälbe Haar hed, wänn s keine Antwort uf aibe Fraaga giit, dänn wisset r, wär s isch. Dänn seid so guat ond lönd mi ned länger so truurig see: Schriibet mr weile, dass r wiidr da isch ...

»Le Petit Prince« — Edition Tintenfaß

#	Title	Language
1	Malkuno Zcuro	Aramaic
2	Zistwar Ti-Prens	Morisien (Mauritian Creole)
3	Mały princ	Hornjoserbsce (Obersorbisch)
4	Amiro Zcuro	Aramaic (Syrisch)
5	Der glee Prins	Pennsylfaanisch-Deitsch
6	Lisslprinsn	Övdalską
7	Y Tywysog Bach	Cymraeg (Welsh)
8	Njiclu amirārush	Armāneashti
9	Kočnay Shahzada	Pashto (Afghan)
10	Daz prinzelīn	Mittelhochdeutsch
11	The litel prynce	Middle English
12	Am Prionnsa Beag	Gàidhlig (Scottish Gaelic)
13	Li P'tit Prince	Walon
14	Mali Kraljič	Na-našu (Molise Slavic)
15	De kleine prins	Drèents – Nedersaksisch
16	Şazadeo Qıckek	Zazaki
17	Dher luzzilfuristo	Althochdeutsch
18	Die litje Prins	Seelterfräisk (Saterfriesisch)
19	Di latje prins	Frasch (Nordfriesisch)
20	De letj prens	Fering (Nordfriesisch)
21	Chan Ajau	Maaya T'aan (Maya Yucateco)
22	El' Pétit Prince	Picard
23	Be þam lytlan æþelinge	Old English (Anglo-Saxon)
24	U principinu	Sicilianu
25	Ten Mały Princ	Wendisch (Dolnoserbski)
26	El Princhipiko	Ladino (Djudeo-Espanyol)
27	Èl Pètit Prêce	Picard borain
28	An Pennsevik Byhan	Kernewek (Cornish)
29	Lou Princihoun	Prouvençau (Provençal)
30	Ri ch'uti' ajpop	Maya Kaqchikel
31	O Prinçipìn	Zeneize (Genovese Ligure)
32	Di litj Prins	Sölring (Sylter Friesisch)
33	Al Principén	Pramzàn (Parmigiano)
34	Lo Prinçonet	Lemosin (Okzitanisch)
35	Al Pränzip Fangén	Bulgnaiṡ (Bolognesisch)
36	El Princip Piscinin	Milanese
37	El Principe Picinin	Veneto
38	Ke Keiki Aliʻi Liʻiliʻi	ʻŌlelo Hawaiʻi (Hawaiian)
39	Li p'tit prince	Lîdjwès (Liégeois)
40	Li P'tit Prince	Wallon central (d' Nameur)
41	Prispinhu	Lingua berdiánu
42	Lu Principeddhu	Gaddhuresu (Gallurese)
43	Te kleene Prins	Hunsrik (Brasil)
44	El mouné Duc	Beurguignon (Bourguignon)
45	Rey Siñu	Kriyol di Sicor (Kasamansa)
46	Tunkalenmaane	Soninke
47	•–•• / •–•–•• –•–•–•	Morse (Français)
48	Lu Principinu	Salentino
49	El Princípén	Pesarese – Bsarés
50	De kläne Prinz	(Kur-)Pfälzisch
51	De kloine Prinz	Badisch (Südfränkisch)
52	Der kleine Prinz / Le Petit Prince	Deutsch / Français
53	De klääne Prins	Westpfälzisch-Saarländisch
54	Èl pètit Prince	Lorrain – Gaumais d'Vîrton
55	Der kleyner prints / Le Petit Prince	Yidish / Frantseyzish
56	Lè Ptyou Prinso	Savoyard
57	Al Principin	Mantovano
58	Ṯééɫény Ṯɔkkwórɔ̀ny	Koalib (Sudan)
59	Ru Prengeparielle	Molisano
60	The Little Prince	English
61	Ol Principi	Bergamasco
62	De Miki Prins / Le Petit Prince	Uropi / Franci
63	Książę Szaranek	Dialekt Wielkopolski
64	Da Small Pitot Prince	Hawaiʻi Pidgin
65	⌵⌒⋎ ⌴⇡⇣⇣ ⋎⋀ ⌶⌰⤢⋀⫠⋎	Aurebesh (English)
66	Morwakgosi Yo Monnye	Setswana
67	El Little Príncipe	Spanglish
68	Kaniyaan RaajakumaaraH	Sanskrit
69	Er Prinzipito	Andalú
70	Lo Pitit Prinço	Patois Vaudois
71	Li juenes princes	Ancien Français
72	De klaan Prinz / Le Petit Prince	Stroßbürjerisch / Frànzeesch
73	Igikomangoma mu butayu	Kinyarwanda
74	The Wee Prince	Scots
75	𓀀𓉴𓇋𓏏 / Le Petit Prince	Ancien égyptien / Français
76	Le Pice Prinz	Ladin (Val Badia)
77	Der klane Prinz	Wienerisch
78	Lo Pti Prins	Welche
79	Da klayna prints	Varsheva idish
80	Ndoomu Buur Si	Wolof
81	Маленький принц / Le Petit Prince	Русский / Français
82	De klä Prinz	Hunsrücker Platt
83	Qakkichchu Laaha	Kambaata
84	Le pëthiòt prince	Guénâ (Bresse louhannaise)
85	Deä klenge Prenz	Öcher Platt (Aachen)
86	Il Pissul Prìncipe	Furlan ocidentàl (Friaul)
87	Mozais prinçs	Latgališu volūda (Latgalian)
88	Ař Picin Prinsi	Patois tendasque
89	De lüttje Prinz	Oostfreesk Platt
90	Ko e Kiʻi Pilinisiʻ	Lea Faka-Tongaʻ (Tongan)
91	Den lille prins	Synnejysk
92	Pytitel Prēs	Kumaniē
93	**Der kleine Prinz**	Deutsch (Fraktur)
94	El Principe Niño	Zamboangueño Chabacano
95	Kiči Bijčiek	Karaim
96	ᛒᛗ ᚠᚠᛗ ᛚᛁᛏᛏᛚᛖ ᚠᚱᛁᛝᚳᛖ	Anglo-Saxon Runes
97	Tiprins	Kreol Rodrige
98	الأمير الصغير	Arabic (Iraqi Baghdadi dialect)
99	Dr gleene Brinz	Sächsisch
100	الأمير الصغير / The Little Prince	Arabic (Emirati) / English

→

»Le Petit Prince« — Edition Tintenfaß

101	הנסיך הקטן / Le Petit Prince	Hébreu / Français
102	Dr kluane Prinz	Südtirolerisch
103	Lé P'tit Prince	Normand
104	D'r kléine Prénns	Öüpener (Eupener) Platt
105	Il Piccolo Principe	Italiano
106	The Leeter Tunku	Singlish
107	El Prinzipin	Ladin Anpezan
108	U Prengepene / Il Piccolo Principe	Frentano / Italiano
109	Da kloa Prinz	Bairisch
110	De klaane Prinz	Hessisch
111	De Kleine Prinsj	Oilsjters
112	De Klein Prinz / D'r Kläin Prinz	N'alemannisch / U'elsässisch
113	De Pety Präingjss	Bolze / Bolz
114	Dor klaane Prinz	Arzgebirgisch
115	Yn Prince Beg	Gaelg / Manx
116	Der kleine Prinz	Deutsch (Gengenbach)
117	Le P'tit Princ'	Patouaïe d' Nâv' (Navois)
118	Le Pitit Prince	Patoa de Feurçac (Fursacois)
119	Prinxhëpi i vogël	Arbërisht
120	Dr chlei Prinz	Alemannisch
121	Litli Prinsen	Nynorn
122	Da kluani Prinz	Hianzisch
123	De klee Prinz	Vogelsbergerisch
124	Le P'tit Prince	Drabiaud (Drablésien)
125	애린 왕자	Gyeongsang-do dialect
126	De Klaane Prins	Gents
127	De Klaaine Prins	Brussels Vloms (Bruxellois)
128	Dai klair prins	Pomerisch / Pomerano (Brasil)
129	Bulu' alà	Bribri (Costa Rica)
130	Le P'tit Prince	Patoué de Crôzint (Crozantais)
131	De lütke Prins	Mönsterländsk Platt
132	Dr Chlii Prinz	Urnerdeutsch
133	Elli Amirellu	Mozarabic (Andalutzí)
134	Ogimaans	Ojibwe
135	Пичи принц	Удмурт кыл (Udmurt)
136	Ёзден Жашчыкъ	Къарачай-Малкъар (Balkar)
137	Lë P'ti Prinss'	Patouè dë Gjuson (Éguzonnais)
138	Le P'tit Prince	Patouès de G'nouïa (Genouillacois)
139	De lütte Prinz	Mäkelbörgsch Platt
140	Вишка инязорнэ	Эрзянь кель (Erzya)
141	L Picio Principe	Istrioto valeſ
142	Le P'tit Prince	Patouaî d'La Châtre
143	Ичöтик принц	Комиöн (Komi)
144	Le P'ti Prince	Patouè d'Âlou (Allousien)
145	Dr kleine Prinz	Schwäbisch
146	ЭДИР ХААН ТАЙЖА	Буряад хэлэн (Buryat)
147	Der kleine Prinz	Deutsch
148	Der kleine Prinz op Kölsch	Kölsch
149	Le P'ti Prinsse	Patoi d'No (Nothois)
150	ИЗИ ПРИНЦ	Олыкмарла (Olyk-Mari)
151	Le P'tit Prince	Archignatouès (Archignacois)
152	Di Likl Prins	Limon Kryol
153	Te Mali Prïncip	Po näs (Resiano)
154	에린 왕자	Jeollabuk-do dialect
155	Ko Le Gā Tama Sau	Fakafutuna (Futunien)
156	Le P'tit Prince	Patouè daus bounoumes d'Sint-Pièrre
157	Der klaani Prinz	Ungordäitsch
158	Le P'tit Prince	Patoi d'vé Châté (Châtelois)
159	Sa Leitila Fraŋga	Gutþiudos Tuggo (Gothic)
160	Le P'tit Prince	Patouais d'La Cèle (Cellois)
161	Мань хőнкве	Мāньщи лāтыӈл (Mansi)
162	Ёмла оцязорня	Мокшень (Moksha)
163	Le P'ti Prince	Patouè d'Sin-Fron é Valence
164	De lütte Prinz	Hamborger Platt
165	Ponnociwkorkur	Ainu
166	Le Petit Prince	Zentangle (Français)
167	Der kleene Prinz	Berlinisch
168	Маленький Принц / Der kleine Prinz	Українська / Deutsch
169	Маленький Принц / Le Petit Prince	Українська / Français
170	Le P'chot Prince	Patouè d'Nouz'rines (Nouzerinois)
171	Le P'tit Prince	Térros (Morterolais)
172	Der klaa Prinz	Fränkisch
173	Le P'tsë Prince	Patuai d'Tour (Toullois)
174	Da Peerie Prince	Shaetlan (Shetlandic)
175	Likhosana	siPhuthi
176	Le P'ti Prince	Patouè d'Sinte-Coulombe
177	De glenne Prinz	Mittelhessisch
178	El Principito / Le Petit Prince	Español / Français
179	Маленький Принц / Il Piccolo Principe	Українська / Italiano
180	Пичи принц	Бещерман көл (Beserman)
181	Le P'tit Prince	Patouaî d'Sint-Piantére
182	الأمير الصغير / Le Petit Prince	Arabe classique / Französisch
183	Le P'tit Prince	Patouaîs d'Lôrdoué (Lourdoueisien)
184	Lillhprins'n	Jamska
185	Dr klei Prinz	Kleinwalsertaler Dialekt